김재규 장군 평전

혁명가인가, 반역자인가?

혁명가인가,
반역자인가?

김재규 장군 평전

김삼웅

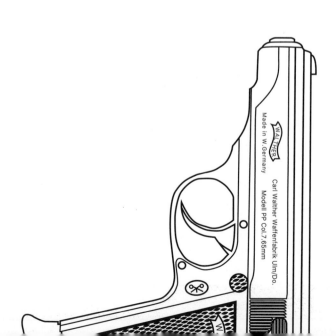

두레

왜 김재규 장군 평전을 쓰는가?

2020년은 김재규 전 중앙정보부장(오늘날 국정원장)이 독재자 박정희 대통령을 살해한 죄로 사형이 집행된 지 40주년이 되는 해이다. 1979년 10월 26일 궁정동 안가에서 박정희 대통령을 저격한 김재규는 박정희의 후계자인 전두환 신군부가 광주학살을 자행하던 1980년 5월 24일에 사형당하며 생을 마감했다. 첨단 기술 문명, 정보화 시대라 일컫는 오늘날의 40년은 과거 농경시대 400년에 맞먹는 긴 세월이다.

'10·26 거사'가 일어난 지 41년이 되고, 그 '주범'이 처형당한 지 반세기 가깝도록 이 사건에 대한 국민의 인식과 평가는 크게 엇갈린다. 박정희의 시혜를 크게 받은 사람들은 김재규를 '박 대통령 시해범弑害犯' 또는 '반역자'라 부르고, 민주인사들은 '독재자를 처단한 의인義人'이라 부른다.

18년간 집권한 박정희가 살해된 지 40년이 넘었고, 그의 딸이 집권했다가 4년 만에 탄핵되어 수감된 지 3년여가 지나도 그들 '권력의 잔재'는 여전히 막강하다. 잔재 중에서 서울 광화문을 누비는 태극기 부대부터 재임 중 각종 시혜로 급성장한 족벌신문, 재벌기업, 수구 정치인, 검찰과 사법권력, 각종 연구소, 일부 대형교회 등 이른바 '기득권 동맹체제'는 정치권력이 바뀌어도 여전히 대한민국의 '실세권력'으로 작동해왔다.

그래서 암살된 독재자는 '유고→서거→시해'의 과정을 거쳐 우상이 되고, 그를 처단한 사람은 처음부터 시해범의 멍에에서 벗어나지 못한다. 여전히 우상이 된 '사자死者의 권력'이 유지되고 있기 때문이다. 박정희의 고향 지역의 자치단체장은 박정희를 '반신반인半神半人'의 경지에 올려놓았고, 그를 추종하는 일부 세력들이 그를 신격화하려는 조짐은 오래전부터 싹터왔다.

박정희의 최측근 이후락은 1970년 12월 12일 중앙정보부장 취임사에서 "우리는 모두 박정희교의 신도로서 또 전도사로서 앞장서야 할 것이다"라고 떠들었다. 청와대비서실장으로 200~300억대의 부정축재로 물의를 빚기도 했던 이후락은 또 중정 요원들에게 "법 이상의 신분을 보장하겠다"라며 초법적인 지위를 공언했고, 이에 보답하듯 중정 요원들은 헌정과 인권을 짓밟는 첨병 노릇을 충실히 이행했다. 그러나 이들이 우상화하고자 했던 독재자는 결국 또 다른 측근인 중앙정보부장의 총탄 세례를 받고 허망하게 생을 마감해야 했다. 초법적인 집단을 만들어 독재권력을 유지하려 했던 이들에게는 청천벽력이었겠으나 이는 역사의 업보였다.

자신의 어깨에 별을 스스로 두 개씩이나 더 얹었던 박정희는 마치 자신이 하늘의 별이요 태양인 양 행세했다. 그러나 그가 등장하고 독재의 그늘이 엄습하면서 4·19로 잠시 밝음과 희망이 되살아났던 이 땅은 도로 더 짙은 어둠과 절망에 뒤덮였다. 명색이 '민주공화국'의 간판을 걸고 출범한 대한민국이었지만 어느새 민주民主와 공화共和는 그가 만든 정당 이름으로 전용되며 그 뜻을 잃어버렸다. 민주와 공화는 박정희와 군사독재의 국방색 장막 아래에서 18년이라는 긴 세월 동안 왜곡된 채 제 뜻을 되찾지 못했다. 그런데 그것이 끝이 아니었다. 독재정권의 사생아 전두환과 노태우로 이어지는 군사정권 12년과 이명박·박근혜 집권 9년도 박정희의 그늘에서 벗어나지 못한 것은 매한가지였다. 모두 합치면 39년, 일제강점기보다 더 긴 세월을 대한민국은 박정희와 그의 후계 및 아류 세력들의 지배를 받아야 했다.

그런데 그 변곡점에 김재규가 있었다. 유신체제와 긴급조치에 맞서 1979년에 민주화의 열풍이 거세지자 박정희 정권은 잔혹한 방법으로 민주화운동을 진압했다. 통일주체국민회의 대의원들이 모여 투표하는 체육관선거(1978. 7. 6)를 통해 다섯 번째 대통령이 되었던 박정희는 1979년 10월 4일에 제1야당 총재인 김영삼을 국회에서 제명했다.

유신체제에 대한 불만이 커지던 가운데 제1야당 총재가 국회에서 제명당하자 부산·마산의 학생과 시민들이 들고일어나면서 이른바 부마항쟁이 전개되었다. 그러자 청와대경호실장 차지철은 이렇게 말했다. "캄보디아에서는 300만 명을 쏴 죽이고도 까딱없었습니다. 우리나라에서 폭동이 일어나면 한 100만 명이나 200만 명 처치하는 게 무슨 문제겠습니까? 각하께 불충하고 빨갱이들하고 똑같은 소리나 하는 놈들은 이 차지철이가 탱크로 다 밀어버리겠습니다."

김재규의 10·26 거사가 아니었다면 차지철의 말대로 실제 그런

참상이 벌어졌을 개연성이 없지 않다. 그동안 박정희의 행적이나 권력욕을 보거나, 차지철을 비롯해 전두환 등 박정희를 둘러싼 충성분자들의 행태를 보면 충분히 가능했던 시나리오였을 것이다.

역사에서 가정은 부질없다지만, 그날 궁정동 안가에서 김재규가 박정희와 차지철을 살해하지 않았다면, 부산과 마산에서 그리고 서울이나 광주 또는 다른 지역에서 어떤 일이 벌어졌을까? 5·18 광주학살의 참혹한 모습이 떠오르는 것은 비단 필자뿐만은 아니리라.

역사는 대한제국의 국권을 침탈한 이토 히로부미를 처단한 안중근을 의사義士라 부른다. 그렇다면 대한민국의 정체성인 민주공화제를 짓밟은 독재자였던 박정희를 암살한 김재규를 무어라 불러야 할까? 역사의 정명正名을 찾지 못한 채 어언 40년의 세월이 흘렀다.

10·26 거사로 독재자가 사라진 뒤 그의 후예들은 수백억 원의 국비와 도비 등으로 기념관과 생가를 호화롭게 짓거나 복원하며 그를 기리고 있다. 우상화를 넘어 신격화하는 데 여념이 없다. 그러나 김재규는 1992년 경기도 광주군 오포면 삼성공원묘지 한쪽에 있는 그의 묘 앞에 '의사 김재규 장군 추모비'가 세워지고, 2019년 5월 국방부의 훈령개정에 따라 역대 지휘관 명단에 그의 이름이 올라가고, 그가 복무했던 육군부대에 겨우 사진이 게시되는 정도이다.

역사란 무엇인가를 다시 묻게 되고, 정의란 무엇인가를 거듭 생각하게 한다. 『역사와 진실』을 쓴 A. 샤프가 제시한 "역사인식과 역사적 진실의 객관성"과 플라톤이 『국가론』에서 "정의란 구성원들이 각자의 자리에서 맡은 바 소임을 다하고 그에게 마땅히 돌아가야 할 몫을 받는 것"이라 갈파한 것을 염두에 두면서, 김재규의 생애와 인간적 내면 그리고 10·26 거사 전후에 그가 행한 모습을 되짚어보며, 그의 발자취를 되새겨보고자 한다.

확신범 또는 우발성 논란 여전

우리는 김재규에게 너무 많은 빚을 졌다. 그가 있어 철옹성과 같은 유신체제를 한순간에 허물었다. 더러는 국민의 힘으로 독재자와 유신체제를 퇴진시키지 못하고 암살이라는 극한 수법을 택한 것은 바람직하지 못하다는 식의 점잖은 비판도 없지 않다. 또 그 뒤를 이어 민주주의가 뿌리내리기도 전에 전두환 신군부가 등장한 사실을 들며 10·26 거사를 폄하하기도 한다. 그러나 이러한 말들은 상식과 동떨어져도 한참 동떨어진 이야기다.

1972년 유신선포 이후 수많은 학생, 노동자, 문화인, 지식인, 종교인, 정치인 등이 반유신운동에 나섰다. 그러나 이들은 공권력으로 포장된 폭력에 희생되거나 옥고를 치르고, 직장에서 쫓겨나고 학교에서 퇴학당하는 등 희생되었다. 이들이 흘린 피와 눈물은 흔적도 없이 사라지고, 독재의 아성은 날이 갈수록 강고해졌다. 독재자와 그 충성분자들은 더욱 악랄해지고 수법도 잔혹해졌다. 실제로 민주인사들의 저항은 마차의 앞길을 가로막으려고 앞다리를 들고 서는 사마귀[螳螂]에 비유되는 당랑거철螳螂拒轍의 형국이었다.

그때, 그 사람에 의한, 그 사건이 아니었으면, 민주공화제와 나라의 운명이 어찌 되었을까? 생각만으로도 끔찍한 악몽이 그려진다. 이래저래 세월이 흘러 옹근 40년, 정권이 몇 차례 바뀌었으나 역사의 평가는 좀체 동굴 밖으로 나오지 못하고 있다.

인도에는 북소리만 듣고 춤을 출 것이 아니라 북 치는 사람을 찾으라는 속담이 있다. 우리는 그의 덕택으로 민주주의를 소생시키고, 국민의 손으로 지도자를 선택하는 주권행사를 해왔다. 물을 마실 때는 수원을 생각하라는 '음수시원飮水始源'의 가르침을 잊은 채……

아우구스티누스는 『신국론』에서 "정의 없는 국가는 강도 떼"라고 말했다. 밤중에 괴한이 칼을 들고 집에 들어와 사람을 위협하거나 다치게 하고 귀중품을 훔쳐가면 강도라 하면서, 국방의 임무를 맡긴 군인들이 무기를 들고 헌정을 유린하고 나라의 곳간을 훔쳐도 지도자라 부른다면, 이를 이성적인 사회인식이라 할 수 있을까?

10·26 거사를 놓고 '확신범'(도덕적·종교적·정치적 확신이 결정적 동기가 되어 일어나는 범죄 또는 그런 범인으로, 사상범·정치범·국사범 등이 있다)과 '우발성'이라는 평가가 자리하고, 이에 따라 '시해'와 '의사'라는 극과 극의 인식도 존재한다. 일제의 포악무도한 지배를 '식민지근대화'라고 포장하는 자들과 그 후예들이 박정희의 독재를 '조국근대화'라 우기고, 여기에 거대한 기득권 동맹체제가 형성되면서 김재규는 은혜를 모르는 배덕자가 되고, 왕조시대 군주를 살해한다는 의미의 '시해자弑害者'로 낙인찍힌다. 민주공화시대에 여전히 봉건시대 용어의 틀 속에서 말이다.

김재규는 지금도 저승에서 영원한 안식에 들지 못했을지 모른다. "3심 재판에서는 졌지만 4심인 역사의 법정에서는 이길 것"이라는 말을 남기고 형장의 이슬로 사라졌으나, '역사의 법정'은 여전히 목소리가 낮고 제대로 조명되지 않는다. 역사의 법정을 구성하는 역사학자, 언론인, 연구가들의 무책임성과 '방청객들'의 책임도 적지 않다. 40년의 세월이 아직 역사가 아닌 현재진행형이기 때문일까.

먹구름이 하늘을 덮고
광풍 몰아 덮칠 때에
홀로 한 줄기 정기를 뿜어
어두운 천지를 밝혔건만
눈부신 저 햇살 다시 맞지 못하고
슬퍼라 만 사람 가슴을 찢는구나
아! 회천의 그 기상 칠색 무지개 되어
이 땅 위에 길이 이어지리.

광주·전남 지역 인사들이 중심이 된 송죽회라는 모임에서 제작한 초라한 묘비명이 많은 내용을 담고 있다. 그러나 아직도 많은 국민은 그를 '시해범'으로 인식하고, 독재자의 위업은 과대포장되어 전시관과 각종 자료에서 흘러넘친다.

단재 신채호 선생이 망명길에 오르며 유일하게 짐 보따리에 챙겨 넣었던 책은 『동사강목東史綱目』이다. 저자인 안정복은 이 책의 서문에서 이렇게 말했다.

역사가가 지켜야 할 큰 원칙은
역사의 정통성과 계통을 밝히고

찬적簒賊을 엄하게 다스리고

충절을 드러내주고

옳고 그름의 기준을 바로잡고

전장典章을 자세히 기록하는 것이다.

어찌 역사가뿐일까. 정신노동에 종사하는 모든 이들이 새겨야 할 기본가치이고 덕목이다. 이제 40년 세월의 풍상이 지났으면 유신독재의 심장을 멈추게 한 사건과 그 사건의 주인공에 대해 공정하게 시비곡직을 가릴 때가 되었다. 여전히 기득권 동맹체계가 강고하지만, 우리 사회에는 양심적이고 정의로운 사람들도 적지 않다.

필자는 이 책을 쓰면서 김재규의 삶 전체를 조명하겠지만, 그가 걸었던 권력의 과정에서 자행한 과오와 함께 알려지지 않던 이력도 추적한다. 어용사학자들을 통해 사육신 중에서 유응부 대신 그의 조상 김문기를 사육신의 반열에 올리고자 했다는 일부 학계의 비난이나, 박정희를 떠받들면서 행했던 축첩 문제 등 고위공직자 생활과 더불어 30년간 김재규의 집사 등을 지낸 최종대 씨의 증언대로 중앙정보부장 등 고위직에 있으면서 축하 화환도 돌려보냈다는 청렴결백성과, 독립운동가 출신 장준하 선생을 높이 평가한 부분 등에 이르기까지 가감 없이, 있는 그대로 적고 나름의 평가를 하고자 한다.

필자는 20대 초반부터 40대 중반까지 알토란 같은 청춘을 박정희 체제에서, 그리고 50~60대의 중장년 황금기를 그의 후계자들이 지배하는 시대에서, 민주화운동의 말석에서 허우적거리며 살아왔다.

그래서 군사정권과 유신독재, 신군부 체제가 얼마나 숨 막히는 전
율의 시대였는지를 온몸으로 겪어야 했다. 정보기관에 붙들려가 몇
차례 고문을 당하고, 지금은 그 후유증을 힘겹게 견디고 있다. 그렇
다고 김재규의 거사에서 대리만족을 느끼는 좁은 소견에서는 벗어
나고자 한다.

과연 "야수의 심정으로 유신의 심장을 쏜" 김재규의 진실은 무엇
이었을까? 이것이 필자가 여기서 추구하고자 하는 최종 목표지점
이다. 본문에서는 김재규의 유언에 따라 '김재규 장군'이라 표기하
기로 했다.

차례

1

의협심과 정의감이 강한 소년

유복한 농부의 아들

김재규는 1926년 3월 6일 경상북도 선산군 선산면 이문동 687번지에서 아버지 김형철金炯哲과 어머니 권유금權有今 사이의 3남 5녀 중 장남으로 태어났다.

그가 태어나던 때는 일제의 식민통치가 극악하게 진행되던 시기였다. 조선총독부는 남산 기슭의 구舊통감부 건물에서 경복궁의 새 청사로 이전하면서 한껏 기세를 올렸다. 그해에 매국노 이완용이 죽고(2월 11일), 만해 한용운의 시집 『님의 침묵』이 간행되었으며, 6·10 만세운동이 전국적으로 전개되었다. 이상화의 시 〈빼앗긴 들에도 봄은 오는가〉가 발표되고, 이를 게재한 잡지 《개벽》이 폐간되었다(6월).

암울했던 시기에 김재규는 아버지의 노력으로 비교적 유복해진 가정에서 태어났다. 그는 조선 초기의 문신으로 공조판서를 지낸 백촌白村 김문기金文起의 18대 후손이다.

김문기는 성삼문과 박팽년 등이 주도한 단종복위운동에 함께 참여했던 인물이다. 1455년에 수양대군이 조카인 단종을 몰아내고 임금의 자리에 오르자, 이듬해인 1456년에 집현전 학사였던 성삼문, 박팽년, 이개, 유성원, 하위지와 임금을 호위하는 별운검이었던 유응부는 단종을 다시 임금 자리에 받들려는 계획을 세운다. 그러나 기회를 노리던 중 거사에 참여했던 김질이 배신하고 이 계획을 밀고하면서 단종복위운동을 계획했던 인물들은 모두 사형을 당하는데, 김문기도 이때 이들과 함께 능지처참당했다.

여기에 가담한 사람들 중에 6명의 절의를 들어 '사육신'이라 불렀다. 이 사육신은 남효온南孝溫이 쓴 『추강집秋江集』의 「육신전六臣傳」에서 언급된 말이다. 그런데 이 글에 성삼문, 박팽년, 이개, 유성원, 유응부, 하위지 등 6명이 사육신으로 실렸으나 김문기는 여기에서 빠졌다.

그 뒤 1691년(숙종 17)에 조정에서 공인하여 6신을 복관시키고, 이어 1731년(영조 7)에는 김문기도 복관되었으며, 1757년에 충의忠毅라는 시호가 내려졌다. 김재규의 문중에서는 선대 할아버지 김문기의 절의를 자랑스럽게 여겼는데, 김재규도 사석에서는 가끔 충의공 이야기를 했다고 한다.

백촌은 김알지의 후손으로, 당대에는 본관을 김해金海로 사용했다. 그러나 후손들은 김수로왕의 후손인 김해 김씨와 구별하기 위하여 김녕金寧 김씨와 경주慶州 김씨로 사용하는 두 파로 갈렸다. 그래서 김재규의 선대들은 김녕 김씨로 불려왔다.

김재규의 할아버지는 선산면 독동에서 살았다. 그러나 할아버지가 사망한 뒤 아버지가 이문동으로 이주하여 그곳에 자리를 잡았다.

친족들의 증언을 종합, 재구성해본 그의 부친의 생애는 다음과 같다. 김형철은 친척이 외상으로 마련해준 논 다섯 마지기를 기반으로 살림을 시작했는데, 어릴 때부터 진취적이었던 그는 17세 때 부인과 누이동생을 데리고 일본에 건너가 고생 끝에 살림의 기초를 다졌다.

당시 제사공장 감독으로 일하던 친척의 후임으로 일본 생활을 시작한 김형철은 무식한 일본사람보다 더 잘한다고 소문난 일본어 실력과 근면성으로 귀국하기 전에 벌써 이문동에 작은 집과 약간의 토지를 마련했다. 김재규가 태어난 이 이문동 집은 후에 도로 확장으로 없어졌고 지금은 작은 공터만 남아 있다.[1]

김재규의 아버지는 16살에 결혼하고, 결혼한 지 1년 만에 아버지가 사망하면서 어머니와 일곱 동생을 봉양하는 소년 가장이 되었다. 그래서 일거리를 찾아 일본으로 건너갔다.

김형철은 정직하고 근실해서 뒤에 공장 감독이 되었고, 이때 번 돈으로 귀국해서 선산에서 토미업(벼를 사서 현미를 뽑는 일종의 정미업으로서 토미를 일본에 수출했음)을 했다. 토미업이 날로 번창해가면서, 김형철은 누에고치 사업에 손을 대기 시작했고, 누에고치실을 풀어서 일본에 수출하는 사업이 왕성해지자, 양兩 사업에서 나오는 수입으로 토지를 크게 구입했다. 김형철이 소유했던 전답의 규모는 한때 논이 100마지기, 밭이 50마지기(해방 후 이승만 정권 때 토지개혁으로 최고 한도인 50마지기만 소유하게 됐음)에 이르러 당시 선산군에서 몇째 가는 부농이었다.[2]

김형철은 대단히 배포가 큰 인물이었다. 마을에 대지 600평, 건평 80평짜리 집을 짓고, 그 시대에 집 안에서 상상하기 어려운 목욕탕을 만들었다.

활달하고 고집 센 골목대장

김재규의 아버지는 그 시대 일반 지주들과는 많이 달랐다. 지주로서 자수성가한 재산을 사회에 환원하는가 하면, 교육사업에도 크게 기여했다. 각종 사회사업에도 나섰다.

그는 선산 수리조합 이사를 역임하고, 감천강 제방을 쌓는 데 기여했다. 학원사업도 활발히 전개했는데, 선산군의 유지들을 찾아다니며 모금하여 선산중·고등학교를 설립했고, 곧이어 선산여자중·고등학교를 설립하는 데 부지 12,000평을 희사했다. 이와 같은 각종 사회사업 활동을 인정받아 김형철은 한때 선산군 치안대장으로 선출되기도 했고, 군민들 사이에서는 선량하고 인심 좋은 모범 유지로 통했다.[3]

김재규는 담대한 아버지와 근면한 어머니의 유전자를 타고나서인지 매우 활달했다. 고집이 세서 한번 하고자 하면 꼭 해내는 성질이었고, 친구들 사이에서는 골목대장 노릇도 했다.

동네의 유지이자 마을에서 손꼽히는 큰 집의 장남인 김재규는 유년시절을 아무 구김살 없이 보낸 것으로 알려지고 있다. 동네 소년들이 그를 많이 따랐고, 병정놀이에서는 대장 노릇도 했다고 한다. 썩 뛰어나지는 못하나 남에게 빠지지는 않는 언변에 정의감과 의협심이 강하고, 거기에다가 가정환경에 힘입어 별로 크지 않은 몸집에도 골목대장이 가능했다는 것이다.

그는 평범한 어린 시절을 보냈던 것 같다. 친족들도 김재규의 유년시절에 대해 별다른 기억을 하지 못하는데, 어릴 때부터 고집이 세다는 것은 확실한 것 같다. 한번 하고자 한 일은 꼭 해야 했다는 것. 한 친족의 회고.

"재규가 특히 말썽을 부리거나 속을 썩이지는 않았지만, 고집은 대단했어요. 한번은 재규의 모친이 사용하는 배틀의 작대기를 빼서 팽이채를 만들려고 한 모양이에요. 모친이 못 하게 혼을 내니까 하고 싶은 것을 못 하게 하니 죽어버리겠다고 허리끈을 풀어 살짝 대문에 목을 맸대요. 키가 커서 목이 졸리지는 않았는데 그런 꼴로 서 있는 것을 본 할머니가 대경실색, 기절했다고 하더군요."[4]

김재규는 8살 때인 1933년 4월 1일 선주보통학교(오늘날 선산초등학교)에 입학했다. 달리기도 잘하고, 상을 탈 만큼 붓글씨도 잘 썼으나 성적이 우수한 학생은 아니었다. 그가 아직 철부지이던 1931년 9월 일제가 만주사변을 일으키면서 한반도는 일본군의 군수물자 조달처가 되어 극심한 통제와 수탈이 자행되고 있었다. 그러나 아직 어린 김재규는 구김살 없이 성장했다.

어린 재규는 어머니의 영향 탓인지 가정생활에서 여성적인 면을 많이 보였다. 집 밖에서는 사내다웠지만 집 안에서는 여자아이처럼 섬세하고 질서정연했다. 재규의 이런 이중적 성격은 그의 전 생애를 지배했는데, 사회의 정의를 위해서는 불칼과 같았으면서, 평소 생활에서는 다정다감하고, 지위고하를 막론하고 남에게 잔정을 많이 베풀었다.

어린 재규는 집 안에서 책상, 의자, 이불, 방석 등을 정돈하는 일을 즐겨 했고, 집 안의 물건들이 제 위치에 가지런히 정돈되어 있지 않을 때는 화를 내곤 했다. 자신의 몸가짐도 언제나 단정했다.[5]

김재규는 점차 정의감과 의협심이 강한 소년으로 성장한다. 보통학교(오늘날 초등학교) 시절 나무꾼을 괴롭히는 일본 순사에게 삿대질하며 대들다가 유치장에 끌려간 일화는 그의 성장 과정과 성격의 한 단면을 잘 보여준다. 뒷날 10·26 사건으로 재판을 받던 중 변호인들이 제출한 내용이기도 하다.

보통학교 4학년 때의 일, 어느 날 책보를 메고 집에 돌아가던 중 시장 장막 나무전에서 일본인 순사가 나무꾼을 발길질하는 것을 보았다고 한다. 사연을 알아보니 15전 하는 나뭇짐을 5전에 팔라고 순사가 강요, 위세에 눌린 나무꾼이 그렇게 하자고 했는데, 또 자기 집까지 운반해달라고 했다는 것이다. 그것은 못 하겠다고 하니 순사가 화를 내고 발길질을 했다는 것이었다.

당시 일본 순사들의 위세를 생각하면 있을 수 있는 풍경일 수도 있었지만, 이것을 보고 있던 김재규는 어린 가슴에도 의분을 참지 못해 순사에게 삿대질을 하며 "이 순사는 도둑놈이다"라고 대들었다고 한다. 순사는 나무꾼은 제쳐두고 어린 김재규를 잡아다 주재소 유치장에 넣었는데, 부친의 수습으로 풀려나왔다고 한다. 이때 그의 부친은 "네가 한 일은 옳다. 그러나 남자는 참아야 할 때는 참을 줄도 알아야 한다"라고 타일렀다 한다.[6]

졸업하지 못한 중학교

김재규는 1939년 3월에 선주보통학교를 졸업했다. 그러나 중학교 진학의 길이 막혔다. 학업성적이 반에서 10% 안에 들어야 중학교에 진학할 수 있었는데, 그의 성적은 학급에서 중상 정도에 머물렀기 때문이다. 부모님은 매우 실망했고, 지역 유지로서 체면도 말이 아니었다. 김재규도 태어나 처음으로 자존심이 상하는 상처를 입었다.

실망한 아버지는 자신의 체면을 지킬 수 있는 길을 고심했다. 마침내 그가 찾은 길은 아들을 일본으로 유학 보내는 방법이었다. 싫든 좋든 당시 그렇게 자식을 일본으로 유학 보내는 유지들이 없지 않았다. 김재규는 그렇게 일본 유학길에 올랐다. 다행히 혼자는 아니었다. 보통학교 동기인 임명수도 함께 길을 떠났다. 그들이 입학한 학교는 동경중야무선전신학교였다.

그러나 일본에서 적응하기란 쉽지 않았다. 전혀 알지 못하던 생뚱맞은 무선전신학교의 교과목도 적성에 맞지 않았다.

그러던 어느 날 예기치 못한 일이 터졌다. 일본인 학생과 싸움이 벌어졌는데, 그 뒤 학교를 그만둔 것이다. 보통학교 시절에 일본인

순사에게 당차게 삿대질을 하며 대들었던 항일정신의 발로였는지, 단순 폭력사건인지는 알려지지 않았다. 이를 계기로 김재규는 그리 길지 않았던 일본 유학생활을 정리하고 2년여 만에 고국으로 돌아온다.

집에 돌아온 뒤 1941년 4월, 김재규는 5년제였던 안동농림학교에 입학했다. 경북 북부지역의 유일한 중등교육기관인 안동농림학교는 입학경쟁률이 치열해서 평균 10 대 1이 넘을 만큼 입학이 쉽지 않았다. 김재규는 면접 시험장에서 불온한 답변으로 불합격되었다. 그런데 마침 선산우체국장인 소림의 사위가 안동농림학교의 교사 히구찌였다. 김재규의 아버지가 소림에게 부탁하여, 히구찌 선생이 보증서를 쓰고서야 김재규는 가까스로 이 학교에 입학할 수 있었다.[7]

김재규가 뒤늦은 나이에 안동농림학교에 들어갈 무렵 조선총독부는, 내선일체를 이루고 조선인이 받는 불이익을 없애주기 위한다는 허무맹랑한 명분으로 창씨개명에 열을 올리고 있었다. 안동농림학교에 들어간 김재규는 김본원일金本元一로 이름을 바꾸고 공부했다. 학교성적은 그리 좋지 않았다.

1학년 석차가 1백10명 중 100등, 2학년 때가 1백6명 중 87등이었다. 1학년 때 80점이 넘는 과목은 영어(85점), 식물(81점)이었고, 제일 점수가 낮은 과목은 교련(65점), 2학년 때는 조림삼림보호 과목이 제일 성적이 좋았는데(75점), 물리, 생물 등 과학계통의 성적이 나빴다. 결석도 많아 1학년에 27일, 2학년에 15일이나 됐다. 3학년에 올라가서는 성적이 점수

로 표시되지 않고 수우미양가로 나왔는데, 영어에서 수를, 대수와 교련에서 가를 맞았다.[8]

결석이 많았던 까닭은 어렸을 때부터 중이염을 크게 앓았기 때문인 듯하다. 결석으로 학교를 빠지는 날은 많았으나, 김재규는 급우들과 우정과 의리를 소중히 여기고 노래와 유머 감각도 뛰어나 따르는 친구들이 많았다. 안동농림학교에 다닐 때는 줄곧 낙동강 건너편에 사는 같은 반 친구의 집에서 하숙을 하고, 친구의 어머니를 친어머니처럼 살뜰히 모셨다. 뒷날 김재규는 보안사령관 시절까지 명절마다 친구의 어머니를 찾아가 문안 인사를 드렸다고 한다.

김재규는 뒤늦게 중학교에 들어갔으나 졸업을 하지는 못했다. 이 학교는 5년제였는데, 4학년으로 올라갈 때 일본군의 특별간부후보생으로 선발되었기 때문이다. 일제는 1943년 3월 1일 징병제를 공포하고, 10월 20일 학병제를 실시했다. 대학·전문학교·고등학교 재학생 중 학도병에 지원하지 않는 학생에게 징용영장을 발부하고, 중추원에서는 학도병에 지원하지 않는 학생은 강제로 휴학시켜 징용하기로 결정했다.

2

군인의 길

일본군으로 훈련받다 맞이한 해방

김재규가 일본군의 특별간부후보생에 스스로 지원했는지, 아니면 징집되었는지는 밝혀지지 않았다. 그의 학적부 4학년 난에 '특간特幹 채용으로 졸업인정'이라고 적혀 있는데, 이것으로는 지원과 징집을 판별하기 어렵다.

김재규는 일본으로 건너가 일본군 특별간부후보생으로 입대했다. 그런데 그가 배속된 곳은 52비행사단으로, 그 악명높은 가미카제神風 특공대 훈련부대였다. 김재규는 그곳에서 비행사 훈련을 받았다.

일제는 2차 세계대전 당시 사람이 탄 비행기 동체로 적의 함대(연합국 함대)를 들이받게 하는 자살특공대를 설치·운영했다. 가미카제 특별공격기는 기체의 무게를 줄이기 위해 이착륙용 바퀴를 없애고, 기체에는 250kg 정도의 폭탄을 실었다. 이들이 출격할 때는 기름도 적의 함대까지 다녀올 수 있는 양이 아니라 목표물까지 갈 수 있는 양만 제공했다. 결국 가미카제 부대는 적의 함대를 폭파할 때 기체와 함께 자신의 목숨을 내던지는 자살부대였다.

일제는 1942년부터 패전 때까지 평균연령 20살 정도인 지원병들을 모집하여 단기 훈련 끝에 3,000명이 넘는 청년들을 가미카제 자살특공대로 내몰았다. 김재규도 이 가미카제 자살특공대원의 한 사람으로 훈련을 받았다. 훈련을 마치고 나면 김재규도 가미카제 특별공격기와 함께 산산조각이 날 운명이었다. 그런데 훈련 도중에 일제가 항복하는 바람에 구사일생으로 생명을 건질 수 있었다.

김재규는 당시 일본 제1항공군 사령관이던 영친왕英親王 이은李垠의 휘하 부대에 배치되면서, 망한 조국의 황태자가 적국의 사령관인 얄궂은 운명을 맞는다. 이은은 고종의 일곱째 아들로, 1907년 일제가 고종을 퇴위시킨 뒤 이은의 이복형인 순종을 왕위에 올리면서 황태자의 신분이 되었다.

그러나 초대 조선통감이었던 이토 히로부미는 조선 황실의 대를 끊어버릴 계략으로 그를 1907년에 일본으로 끌고 가 볼모로 삼고, 1911년에는 일본 육군유년학교에 입학시켰다. 이후 이은은 일본육군사관학교를 졸업하고, 1920년에 일본의 왕족 나시모토 마사코梨本宮方子와 결혼을 한다. 정략결혼이었다. 이은은 일본 육군 장교로 복무하면서 1940년에 육군 중장이 되고, 1943년부터 일본의 제1항공군 사령관으로 복무하고 있었다.

일제가 패망한 때는 김재규가 임관되기 6개월 전이었다. 김재규에게는 천운이 아닐 수 없었다. 가미카제의 자살특공대로 희생되는 참극을 기적적으로 피했기 때문이다. 이렇게 일본에서 비행사 훈련을 받다가 해방을 맞으며 목숨을 건진 그는 1945년 8월에 다시 고국으로 돌아왔다.

운명의 갈림길, 조선경비사관학교

김재규는 귀국한 뒤 9월에 경북사대 중등교원양성소를 나와 1946년 3월까지 6개월간 김천중학교에서, 그리고 1947년 8월부터 1948년 6월까지 대륜중·고등학교에서 교사를 지냈다.

김재규가 일본에서 돌아왔을 때 어머니는 척추 디스크로 몹시 고생하고 있었다. 아버지는 장남의 결혼을 서둘렀다. 아버지가 점찍은 며느릿감은 마을에서 30리쯤 떨어진 산동면에 사는 친구의 딸이었다. 김재규는 아내가 될 여성의 얼굴을 단 한 번도 보지 못한 상태에서 결혼식을 올렸다. 김재규는 이런 아내가 맘에 들지 않았다. 정이 없는 결혼생활은 10년간이나 유지되었다.

김재규의 교사 생활은 그리 오래가지 않았다. 그는 학구적인 성격이 아니었다. 결국 적성에 맞지 않는 교사와 정분이 없는 아내를 피하는 방법으로 군인의 길을 선택한다. 1946년 9월에 김재규는 조선경비사관학교(육군사관학교의 전신) 제2기생으로 입교한다.

당시 조선경비사관학교에는 다수의 만군과 일본군 출신들이 입교했다. 이들이 조선경비사관학교에 입교한 것은 물론 마땅한 일자리를 얻기도 쉽지 않은 때라는 이유도 있었지만 해방된 조국에서 자신들의 부끄러운 과거를 세탁하려는 의도가 더 컸다고 볼 수 있다. 이것은 김재규나 박정희가 다르지 않았을 것이다.

출신 배경을 보면 광복군·중국군·만주군·일본군 등의 장교가 30여명, 하사관이 50여 명이었고, 나머지는 민간 출신이었다. 중국 톈진에서 46년 6월에야 귀국선을 탈 수 있었던 박정희(만군 중위) 전 대통령과 만주에서 우여곡절 끝에 46년 3월 역시 뒤늦게 귀국한 석주암(만군 대위), 이규동(만군 경리관), 윤태일(만군 중위) 장군 등이 무리 지어 입교했다. 그중 윤태일 장군은 입교 얼마 후 신병으로 퇴교, 나중 7기로 재입교해 2기 아닌 7기가 됐다. 일군 경력자론 학병 출신의 한신·이규학·서강철·김희덕 등과 지원병 출신의 문형태·이재식·김재명·공국진 등이 대거 입교했다.[1]

이에 앞서 같은 해 5월 1일에 조선경비사관학교 1기생 89명이 졸업했다. 입학한 지 3개월 만이었다. 학교 초창기라 1기생은 여기저기서 끌어모은 인원들이었다. 1기생과 달리 2기생은 국사·수학·영어 등 필기고사와 면접·신체검사를 거쳐 선발했다. 이렇게 치열한 선발과정을 거친 2기생 263명은 자부심이 대단했다.

조선경비사관학교 1기의 교육기간은 45일에 불과했다. 2기생은 1기보다 그나마 늘어난 12주(82일)였다. 짧은 기간이었으나 교육생들은 제식훈련, 99식 일□ 소총훈련, 분대·소대전술, 독도법과 행군, 숙영훈련 등을 받았다.

우리 군은 미 군정청의 방침에 따라 제식훈련, 부대편성, 전술 등에 모두 미국식을 도입했다. 그러나 내무생활만은 과거 일본군 그대로였다. 또 대부분 군사 경력자 중에 일본군 또는 그 영향하에 있던 만주군에서 경험을 쌓은 사람들이라 일본 군대식 노고를 떨쳐버릴 수가 없었다. '배운 것이 그뿐'이라는 말이 있지만, 기합과 구타라는 전형적인 일본식 통솔법이 초창기 우리 군에서도 답습됐다.

사관학교에서도 이 같은 상황은 크게 다르지 않아 후보생들에게 기합과 구타가 있었다. 신생 우리나라의 군 간부가 된다는 포부를 품고 모여든 후보생들에게는 이것은 큰 불만이었을 법하다. 더욱이 해방 후의 혼란기였던 만큼 과거의 선배가 뒤늦게 군에 들어가 후배가 되는 등 서열이 뒤바뀌고 온갖 성분의 사람들이 한데 모여 갈등은 더했다. 가르치는 사람이나 배우는 사람의 나이 차도 없었다. 학력도 별 차이가 없었고, 군권력이나 군사직에서도 모두가 미국 것을 배우는 판이라 크게 월등할 것이 없고 보니, 자연히 통솔이 어려울 수밖에 없었다.[2]

조선경비사관학교는 훗날 육군사관학교가 되는데, 그 내력은 이렇다. 1946년 4월 30일에 군사영어학교가 폐교되자 같은 해 5월 1일 서울 태릉에 국방경비대사관학교(6월 16일에 조선경비사관학교로 바뀜)를 설치하여, 본격적으로 경비대 간부를 양성했다. 1948년 8월에 대한민국 정부가 수립되면서 9월 5일을 기해 조선경비대가 대한민국 국군으로 편입되자 조선경비사관학교는 육군사관학교로 개칭되었다.

박정희를 만나다

김재규가 교사직과 아내를 피하기 위해 선택한 조선경비사관학교는 그에게 운명의 갈림길이었다. 그곳에서 박정희를 동기생으로 만났기 때문이다. 박정희와 김재규는 '동지'로서 5·16 쿠데타 이후 승승장구했으나 김재규의 손에 박정희가 살해당하면서 이 둘은 '은원의 관계'가 된다.

박정희는 김재규의 고향 이웃 면인 경북 선산군 구미면(오늘날 구미시)에서 1917년에 태어났다. 두 사람은 아홉 살 터울이다.

박정희는 대구사범을 졸업하고 문경공립보통학교 훈도(일제강점기 보통학교의 교원)로 일하다가 1940년 4월, 일제가 세운 만주국 육군군관학교에 지원했다. 그러나 자격이 미달되자 '진충보국 멸사봉공盡忠報國 滅私奉公'이라는 혈서를 써서 입학했다.

당시 만주국 육군군관학교에서는 우등생에게 일본 육군사관학교(육사)에 유학하는 특권을 주는 게 관례였다. 박정희는 이 학교를 수석으로 졸업하면서 특전으로 일본 육사 본과 3학년에 편입되었다. 수석 졸업 기념으로 만주국 황제 푸이에게서 금시계를 은사품으로 하사받기도 했다.

육군군관학교 수석 졸업에 이어 일본 육사를 우수한 성적(300명 가운데 3등)으로 졸업한 박정희는 소련·만주 국경지대에 있는 관동군 23사단 72연대 등에서 복무했다. 그러던 중 일제가 2차 세계대전에서 패망하자 고국으로 돌아오고, 조선경비사관학교 제2기생으로 입학하게 된다. 박정희와 김재규는 이렇게 조선경비사관학교에서 만나 동기생이라는 '우정'과 '악연'을 맺게 되었다.

김재규와 박정희는 닮은 점이 많았다. 글공부보다 군인이 적성에 맞았고, 학교 다닐 때 성적이 우수하지 못했고, 한때 교사 생활을 했으며, 지원하거나 징집되어 일본군에 몸을 담았었다. 또 부모의 강요로 애정이 없는 결혼(초혼)을 하고, 해방 뒤에 조선경비사관학교에 들어간 것도 같았다.

반면, 서로 다른 면도 있었다. 박정희는 찢어지게 가난한 소작농의 집안에서 태어났으나 김재규는 부유한 지주의 아들로 태어났으며, 박정희는 혈서를 써가면서 스스로 일본군(만군)에 들어가 일제에 부역했으나 김재규는 일제에 저항한 모습을 보였다. 생도 시절에 두 사람은 특별한 사이는 아니었던 듯하다.

조선경비사관학교를 졸업할 때 성적은 동기생 196명 중 김재규가 14등, 박정희가 3등이었다. 김재규는 보통학교나 중학교 때에 비하면 아주 우수한 성적이었다. 만 3개월 만에 소위로 임관한 김재규는 대전에 있는 제2연대의 중대장 대리로 보직을 받았다. "성적으로 보면 군사 훈련 및 군사 과목들이 일반 학교 교과목들보다 더 재미있고 체질에도 맞는 것 같았다. 김재규는 군대의 생명인 질서, 절도, 충성, 복장 단정 등이 자신의 생활신조와 일치해 군대 생활이 자신에게는 편했고, 주변 사람들은 그를 '군대먹기'라고 촌평하기도 했다."3

중위로 진급하는 날 군복을 벗다

김재규의 초임 장교 시절은 오래가지 못했다. 대전의 2연대에서 소위로 근무하다가 중위로 진급하는 날 '명예면관免官' 조치로 갑자기 군복을 벗었다. 군대 생활이 체질에도 잘 맞고 편했던 김재규가 군복을 벗은 것은 뜻하지 않은 사건 때문이었다. 10·26 사건 재판 때 '항소이유서'에서 스스로 밝힌 면관 이유는 다음과 같다.

변호사: 정상에 관하여 몇 가지 묻겠습니다. 육사 2기로 임관했다는데, 그때 군번과 성적을 말씀해주세요.

김재규: 군번은 10177, 196명 졸업에 14등이었습니다.

변호사: 그때 소위로 임관하셔서 첫 근무지와 보직은?

김재규: 1946년 12월 14일 소위로 임관해서 대전에 있는 제2연대 중대장 대리로 보직 받았습니다.

변호사: 소위 때 중대장 대리를 했나요?

김재규: 제가 대전에 가는 14명 동기생을 인솔해 갔습니다. 그때는 장교가 모자랐기 때문에 선임장교인 저에게도 소대장을 시키지 않고 바로 중대장 대리 명령이 났습니다.

변호사: 중대장 대리 다음에 뭐 하셨어요?

김재규: 연대 정보주임을 했습니다.

변호사: 그 당시, 정보주임은 당시에 CIC(육군 특무부대) 기능이라든지 다른 기능이 없어서, 정보관계는 총망라하는 임무를 하셨다는데 사실입니까?

김재규: 그렇습니다. 그때는 아직 CIC 기능이 편성되기 전이기 때문에 연대 정보주임은 CIC 기능도 같이 수행했습니다.

변호사: 연대 정보주임 근무 당시 연대장이 누구였나요?

김재규: 김종석이라는 공산주의자인데, 남로당이었습니다. 그 후 처형됐습니다.

변호사: 나중에 공산주의자로 노출된 사람이라서 피고인과는 암투가 시작되었고, 급기야는 그 사람 때문에 연대장이 쫓아내서 47년 6월 1일 명예면관이 되어서 군을 떠나셨어요? 제가 알기로는

군에 쭉 계신 줄 알았는데 소위 때 떠나셨네요?

김재규: 예, 육군 중위로 진급하는 날 군을 떠났습니다. 사유는 연대장 김종석은 대단히 머리도 명석하고 그런 분이었지만, 이분이 공산주의자였는데, 제가 육사 2기 중 선임장교였기 때문에 저를 포섭하려고 애를 썼습니다. 그런데 제가 포섭되지 않고 거꾸로 연대장께 충고했습니다. 연대장께서 만나는 사람이 전부 좌익 계열 사람들인데, 우리 국방경비대는 불편부당해야 하지 않느냐고 충고했습니다. 연대장은 그때만 해도 자기 신분을 은닉하고 있었습니다. 자기는 가톨릭 신자고 한민당(해방 직후 우익 민족진영의 최대 정당으로 송진우, 김성수 선생이 창당했다) 당원이라고 하고, 사무실에는 항상 십자가를 걸어놓고 있었는데, 그러나 저에게 자기 신분이 탄로됐다는 것을 알고 그때부터 저를 기피하기 시작했고, 대전에서 군경축구시합 때 충돌사건이 생겼습니다. 사건 당일, 제가 일직사령을 했기 때문에 그 책임을 지고 명예면관이라는 이름으로 군대를 그만두었습니다. 그날 일직사령은 사실은 저희 동기생인 박노규였는데, 위경련이 일어나서 병원에 입원했습니다. 저는 오후 2시에 그 일직완장을 명령 없이 대신 찼는데, 그것이 원인이 되어서 그로부터 2시간 후에 생긴 사고로 군대를 그만두게 됐습니다.

변호사: 군을 떠난 후에 김천중학교, 대륜중고등학교에서 체육교사로 2년 있었다는데 사실입니까?

김재규: 그렇습니다.

변호사: 이때 박선호가 제자였나요?

김재규: 제 기억으로는 그때 박선호의 담임을 했던 것으로 압니다.

변호사: 박선호가 그때부터 피고인을 존경해왔다고 해서 참고로 물었습니다. 그 후 당시 연대장이 빨갱이라는 것이 밝혀져서 군법회의에서 사형선고를 받았는데 사실입니까?

김재규: 그렇습니다.

변호사: 그래서 피고인이, 그때 억울하게 군에서 쫓겨났구나 해서 다시 군에 복귀했다는데?

김재규: 예, 연대장은 그 후에 남로당 당원이라는 것이 밝혀져서 사형 됐습니다. 그 후, 그때 그만둔 저의 경우가 억울하다고 해서 육군 본부 인사국에서 제게 복직권고가 왔습니다. 그래서 군을 떠나서 근 2년 약간 넘었다고 생각됩니다만, 다시 군에 복직하게 됐습니다.[4]

해방 정국에서는 다양한 사상의 사람들이 뒤섞여 있었고, 군대에도 공산주의자와 반공주의자 등이 혼재되어 있었으며, 미 군정이 남로당을 불법화하면서 더러는 사형을 당했다. 여기에 임시정부와 여운형의 건국준비위원회까지 불법단체로 규정하면서 해방 정국은 혼란스러웠다.

앞서 언급한 것처럼, 이렇다 할 일자리가 없어서 일군과 만군에서 복무했던 자들은 '경력 세탁'과 일자리를 찾아서 군대나 경찰로 들어간 사람이 많았다.

교사 생활하다 다시 군으로 복귀하다

갑자기 군복을 벗게 된 김재규는 다시 고향으로 돌아왔다. 군에 입대한 지 불과 9개월여 만이었다. 일본군에서 살아서 돌아왔을 때는 해방감으로 충만했었는데, 이번 귀향은 실망감이 너무 컸다.

얼마 뒤 경북도에서 실시한 체육대회에서 우승한 모교인 대륜중고등학교 김중기 교장을 찾아가 체육교사로 일하고 싶다고 간청하여 승낙을 받았다. 그동안 낯선 일본과 서울의 사관학교에서 나름의 산전수전을 겪다보니, 누구 소개도 없이 이력서 한 장을 들고 교장 선생을 찾아가 쾌히 승낙을 받을 만큼 담력과 배포가 커졌다.

김재규는 여기에서 대륜중학교 시절의 제자인 박선호를 다시 만났다. 박선호는 나중에 10·26 거사의 동지가 된다. 뒷날 국회의장 등을 지낸 이만섭도 만나게 된다. 당시 학생이었던 이만섭은 김재규 교사를 정의감이 넘치는 스승으로 기억했다.

김재규는 1947년 8월부터 이듬해 6월까지 대륜중고등학교 체육교사로 근무했다. 그런데 이 시기에 김재규를 둘러싼 상황이 반전되면서 김재규는 다시 군에 복귀한다. "김종석이 빨갱이임이 밝혀져 군법회의에서 사형집행되자 주위에서 성적도 좋은 사람이 억울하게 면관됐던 사실이 알려지게 돼 1948년 10월에 다시 소위로 군에 복직하게 되어 3여단 수송중대장직에 보임됐다."[5]

김재규가 연대장 김종석의 남로당 문제로 낙향했다가 우여곡절 끝에 다시 군에 복귀할 즈음, 박정희는 1948년 11월에 공산주의 정당인 남로당 비밀 당원으로서 군사책임자라는 혐의로 체포되었다.

군사법정은 사형을 구형했으나 무기징역을 선고받은 박정희는 소령 계급에서 파면되고 급료도 몰수당했다. 그러나 박정희는 만군에서 맺어진 군 인맥과 주한 미군 군사고문단 참모장 제임스 해리 하우스만James Harry Hausman의 도움으로 간신히 풀려날 수 있었다. 박정희는 공산주의자 이재복의 주선으로 남로당에 가입했다고 한다. 하우스만은 "1946년 7월 26일 남한에 첫발을 디딘 이래 국방경비대 고문관, 미군사고문단장 고문을 지냈고, 1950년에는 채병덕과 이승만의 군사고문을 지내면서 한국군 형성 과정에서 엄청난 영향력을 행사"[6]했던 사람이다.

혹시 김재규가 박정희 살해 계획을 세울 때, 자신이 남로당 계열 연대장 문제로 밀려날 시기에 박정희의 남로당 행적과, 5·16 쿠데타 이후 그가 돌변하여 극렬한 반공주의자로 행세하는 박정희의 이중성이 잠재의식의 한 자락에서 꿈틀대지 않았을까.

군에 복귀한 뒤 큰 문제는 없었으나 다만 2년여의 공백 때문에 다른 사람들보다 계급이 낮았다. 자신보다 5기수나 아래인 후배와 계급이 같았다.

김재규는 1950년 3월에 소령으로 진급하고 이듬해 9월에는 중령으로 진급했다. 육사 8기 출신으로, 김재규가 중위이던 때에 부관을 지낸 방자명 소위는 당시를 이렇게 증언한다.

그는 2기생인데 왜 아직 중위냐고 연대 정보주임인 정호림鄭虎林 중위(7기)에게 물었더니 미군과의 트러블로 파면됐다가 다시 들어왔기 때문이라고 하더군요. 김재규 중위는 예의가 바른 편이어서 욕을 먹는 일은 없었습니다. 그러나 하급장교치고는 좀 괴짜에 속했습니다. 모자를 약간 비뚜름하게 쓰고 다녔고, 현실에 대한 불만이 많았던 것 같았어요. 그리고 약간 권위주의적인 색채가 강했던 것으로 기억됩니다.[7]

군에 복귀한 김재규는 이후 1973년 3월에 육군 중장으로 예편할 때까지 25년에 걸쳐 군인 생활을 했다. 6·25 전쟁에도 참전하고, 각급 부대장을 거쳐 보안사령관을 지내기도 했다. 6·25 전쟁 때는 안동지구 토벌작전에 참가해서 큰 공을 세워 충무무공훈장을 받기도 했다. 김재규의 '항소이유서'에 당시 이야기가 적시되어 있다.

변호사: 그 후 군에 복직하셔서, 안동지구 공비토벌, 6·25 사변 중에는 영덕지구 181고지 전투라고 아주 험한 악전고투를 겪으셨다고 하고, 또 포항지구 전투 등에도 참가해 혁혁한 무공을 세웠다는데.

김재규: 군에 복직해서 22연대 정보주임이 됐고, 안동지구 토벌작전에 참가해서 공비토벌에 임해서 상당한 전과를 올리고, 충무무공훈장을 탔습니다. 그 이후에 25연대, 다시 말해서 안동지구 공비토벌 사령부에서 대구에 있던 22연대 제2대대장으로 명령이 났습니다. 바로 명령 나던 날이 6·25 사변이 발발한 날입니다. 그래서 그 2대대를 지휘해서 의정부에서부터 황간전투까지 계속 혈전하면서 황간까지 내려왔는데, 그동안에 수많은 저의 부하를 희생시켰고 악전고투를 했습니다. 황간에서 기차로 대구로 이동해서 비로소 원소속인 3사단에 복귀했는데, 그때 3사단

이 동해안에서 전투를 하고 있어서 동해안으로 전선이 바뀌어서 영덕지구전투에 참가했습니다. 여기서 저의 운전병까지도 전부 희생됐습니다. 작전이 다시 불리해져서 포항까지 밀려가서 형산강을 중간에 두고 치열한 전투를 했습니다. 그 후에 유엔군의 본격적인 반격으로 이북으로 진격하게 됐습니다.

변호사: 참전 중에 몸이 극도로 쇠약해지셔서 야전병원에 입원한 일도 있었다는데 사실입니까?

김재규: 포항 야전병원에 일시 입원한 일이 있습니다. 너무 몸이 쇠약해져서 2주일가량 입원했다가 다시 전선으로 갔습니다.

변호사: 그래서 군에 쭉 계시면서 중장까지 진급하셨는데, 보안사령관도 지내셨고 소위 임관 후부터 6·25 사변에 이르기까지 공산군과 싸우는 데는 그 누구보다도 앞장서서 일하셨다는데 사실입니까?

김재규: 우리 국군 장병들이면 누구나 공산당하고 싸워봤지만, 저도 그 중 한 사람으로 20대 초반부터 그런 역사가 시작되었죠.

변호사: 공산당과의 대결은 무엇보다도 어려서부터 자유를 지켜야 한다는 신념 때문이었다고 생각되는데 사실입니까?

김재규: 저는 어려서부터 성격이…….

변호사: 잠깐, 제가 정리를 해드리겠습니다. 지난번 신문에도 나왔는데, 부친으로부터는 자유로운 교육을 받았고 '정의를 위해서는 남아로서 죽을 자리를 잘 찾으라'는 교훈을 힘입어왔다는데 사실입니까?

김재규: 그렇습니다. [8]

3

평탄하지 않은 군 생활

육사 2기에서 중장 예편까지

김재규의 군대 생활은 평탄하지 않았다. 6·25 전쟁 때는 몇 차례 생명의 위기를 겪고 살아남았다. 영덕지구 전투에서는 호위병과 운전기사까지 전사하는 악전고투 끝에 고지를 사수하고, 계속되는 격전에서 영양실조로 전신쇠약 증상을 보여 야전병원으로 후송되기도 했다.

3군단 부사단장(대령) 시절에는 1군사령관 송요찬 장군에게 찍혀 하마터면 군대에서 쫓겨날 뻔했다. 이종찬 장군의 도움으로 살아남았다. 김재규는 1952년 부산정치파동 당시 군부 일각에서 쿠데타를 모의할 때 이를 단호히 거부하며 군의 정치중립을 지켜왔던 이종찬 장군을 존경했고, 그도 김재규를 무척 아꼈다고 한다.

10·26 사건 뒤에 벌어진 재판 과정에서 변호인단이 재판부에 제시하면서 알려진 김재규의 '군사 경력'은 다음과 같다. 임관과 명예면관 등은 앞에서 소개했기에, 여기서는 6·25 전쟁부터 소개한다.

안동지구 토벌 참가

25연대 정보주임으로 근무하다가 1950년 초 안동지구 공비토벌작전에 참가하여 공훈을 세움으로써 처음으로 충무무공훈장을 받았습니다.

영덕지구 전투 참가

22연대 2대대장으로 6·25 사변을 맞아 의정부지구, 청간지구, 대구지구 등 각 전선에서 전투를 참가하였고, 영덕지구 전투에서는 강구 181 고지에서 호위병과 운전기사까지 전사하는 악전고투 끝에 사수하여 전공을 세운 바 있습니다.

포항지구 전투 참가

22연대 부연대장으로서 형산강 전투에 참가하여 연대를 지휘 반격하여 이북으로 진격하기까지 혁혁한 전과를 거두는 동안 몸은 지칠 대로 지쳐 걷지 못할 정도가 되어 전신쇠약으로 야전병원에 후송되었고, 퇴원하여 여수 제2보충연대장에 부임하였습니다.

군 요직

휴전 후에는 육대 교무부장, 5사 참모장, 5사 36연대장, 3사 부사단장, 육대 부총장, 육본 관리참모부 심사처장, 국방부 총무과장을 역임하였고, 5·16 이후 약 2년간 호남비료 사장으로 취임하였으나 다시 군에 복귀하여, 6사단 사단장, 6관구 사령관, 방첩부대장을 거쳐, 1968년 10월 1일 보안사령관에 취임하였습니다.

　　보안사령관 재직 당시 간첩검거에 큰 공을 세워 보안사령부에 대통령 부대표창을 연 3회 안겨준 바 있습니다. 1971년 9월 23일 제3군대장으로 재직하다가 육군 중장으로 예편하기까지 25년간을 군에 봉직하였습니다.

재판 과정에서 변호인단이 제출한 기록에 나와 있는 군 주요 경력을 요약하면 다음과 같다.

육사 2기 입교, 소위 임관, 명예면관, 소위 복직, 3여단 수송중대장(자동차학교장 겸무), 16연대 부관 2가 감찰참모보좌관, 25연대 정보주임장교, 3사 22연대 2대대장, 3사 22연대 부연대장, 3사 고급부관, 방위국 1사 1연대장, 5군단 검찰부장, 106사 참모장, 제2보충연대장(여수 계엄사령관), 보교고군반 18기, 중앙공적심사위원장, 육대 전반기 3기, 서울사범대학 배속장교단장, 육대 총장 보좌관, 육대 교무부장, 5사 참모장, 5사 36연대장, 3사 부사단장, 육대 학생감독관, 육대 부총장, 육본 관리참모부 관리심사처장, 국방부 총무과장, 육본 관리심사처장, 호남비료회사 사장, 6사단 사단장, 6관구 사령관, 방첩부대장, 보안사령관, 제3군단장

재혼, 그리고 여성 문제

김재규의 초기 군대 생활이 평탄하지 않았듯이 그의 가정생활도 평온하지 않았다. 부모가 맺어준 첫째 부인과는 처음부터 애정이 없었다. 부모님의 뜻에 따라 결혼하긴 했지만 결혼한 지 얼마 안 되어 김재규가 입대하고, 또 얼마 뒤 전쟁이 터지면서 부대이동이 잦아

서 부부로서 함께 생활할 겨를도 별로 없었다. 김재규와 첫째 부인은 혼인신고도 하지 않았고, 딸린 자식도 없는 상태에서 10여 년을 사실상 별거 상태로 지냈다.

중령으로 진급한 김재규는 전남 여수의 제2보충연대장(여수지구 계엄사령관 겸임)으로 부임했다. 아직 전쟁이 끝나지 않은 상태여서 지역의 계엄사령관은 막강한 위치였다.

어느 날, 육사 동기생이 순천의 유지 김완근의 셋째딸 김영희를 소개했다. 숙명여자대학교 4학년 때 이미 순천여고에서 교편을 잡은 미녀였다. 당시에는 대학 4학년이면 졸업 전에 중고등학교 교사를 하는 것은 관행이었다.

김영희의 집에서는 사윗감이 군인이라는 데 별 호감을 보이지 않았다. 1948년 10월에 여수·순천에서 일어났던 국군 제14연대 사건의 여파 때문이었는지도 모른다. 신부 부모의 반대를 무릅쓰고 두 사람은 연인이 되고, 1952년 봄에 화촉을 밝혔다. 이듬해에 딸 수영이가 태어났으나 그 이후에는 아이가 없었다. "김영희 여사는 '수영'을 임신했을 때 입덧이 하도 심해 10개월간 음식을 제대로 못 먹을 정도로 고생하여, 둘째 아이를 임신했을 때 낙태를 했는데, 수술이 잘못되어 자궁내막염을 앓아 그 후 임신을 영구히 할 수 없었다."[1]

10·26 사건 뒤 전두환이 주도한 계엄사령부는 김재규를 부패하고 부도덕한 인물로 몰기 위해 각종 '자료'를 공개했다. 그중에는 그가 첩을 두었을 뿐만 아니라 그 사람에게 억대의 주택을 사주었다는 내용이 빠지지 않았다. 계엄사 발표문의 내용은 다음과 같다.

또한 김재규는 68년 8월경 당시 요정 '도성' 주인인 유부녀 장정이張正伊와 통정, 장의 본남편과 이혼케 하고 소실로 삼아 1억 6천만 원 상당의 가옥을 구입해준 것을 비롯, 2억 7천만 원의 공금을 유용, 축첩에 탕진했으며, 주위로부터 이목을 피하기 위해 일과시간을 이용, 첩과의 환락을 즐겨오는 동안 그 사이에 자식 2명이 출생하여 외부에 누설될 것을 우려해 어린 자식을 놓고 친자여부 혈액검사를 하는가 하면 사생아로 호적에도 입적시키지 않는 비도덕적 행위도 서슴없이 자행했다.[2]

그러나 계엄사의 발표문과는 내용이 전혀 다른 증언도 있다. 먼저, 보안사에서 근무했던 이종도 씨는 김재규가 장정이 여인을 만나게 된 과정을 다음과 같이 말했다.

김재규 소장이 장정이 씨와 실질적 관계를 맺은 것은 보안사령관 시절이라고 당시 보안사에서 문관으로 근무했던 이종도 씨는 주장했다. 당시 연합통신에 보안문제가 걸려서 시끄러웠는데, 장경원 한국일보 사장이 중재를 맡아 김재규 보안사령관, 김석원 쌍용시멘트 회장 그리고 장경원 사장 등 3명이 함께 종로의 '도성'에서 화해술을 마셨다. 김석원 회장이 장 여인에게 김재규 사령관을 잘 도와주라고 부탁한 것이 인연이 되었다는 것이다.

김재규 사령관은 장정이 씨를 알고 나서, 장 여인이 보통 술집 여자와는 다르다는 것을 느꼈다. 김재규 사령관은 장정이 씨를 단순한 연애 상대로만 생각한 것은 결코 아니었다. 장정이 씨가 당시 40세 정도였는데, 김 사령관이 연애의 맛을 원했다면 장 여인이 경영하는 요정에 젊고

예쁜 20대의 고급 접대부들을 상대할 수도 있었을 것이다.[3]

김재규와 관련해서 두고두고 얘깃거리가 되었던 사생아 문제에 대해서도 상반된 주장을 한다. 장정이가 김재규를 만나고 나서 얼마 뒤에 아들을 낳았는데, 주변에서는 이 아들이 김재규의 자식이라고 소문이 나돌았다고 한다. 그러나 피검사 결과 김재규의 아이가 아니었고, 장정이도 "그 아이는 김 장군의 아이가 아니"라고 했다고 한다.

이에 참다못한 주변 사람들은 정보부 감찰과장 조 모 씨를 시켜 아이의 피를 검사케 하고, 인천지법에서 그 아이(김○○)는 김재규 정보부장의 아이가 아니라는 판결을 받아낸 것이다.

김재규 보안사령관은 그 아이에 대해 애착이 많았던 것은 사실이다. 김재규 사령관은 장정이 씨가 아이를 낳고 난 후 혜화동 소재 옛 보성 중·고교 앞의 ㄱ자 기와집을 그녀에게 주었고, 그 아이가 피검사 결과 자신의 아이가 아닌 것으로 판명되었지만, 그간 자신의 아이로 알고 사랑해왔으므로 "그 아이가 나의 아이가 아니더라도 고아도 키우는데 내가 보살펴주는 것이 어떠냐?"고 말하기도 했다. 김영희 여사는 "그 아이가 김 장군의 아이라면 내가 키울 테니 달라"고 했는데, 장정이 씨는 "그 아이는 김 장군의 아이가 아니다"고 주장했다.

김재규 사령관이 장정이 씨에게 준 것으로 알려진 '기와집'은 실은 장 여인에게 준 것도 못 되었다. 김재규 사령관이 장정이 씨에게 그 집을 넘겨주고, 그 집은 곧바로 그의 아우 김항규 씨가 경영하던 서진기업의

계열 회산인 모 무역회사가 은행융자를 받는 데 담보로 잡혔고, 그 무역
회사는 도산하여, 그 집은 다시 1천만 원에 경매 처분되어 이상윤 씨에
게 넘어가버린 것이다. 장정이 씨는, 10·26 사건으로 김재규 정보부장
이 잡혀가자, 끌려가 3년간 옥살이를 하고, 현재 강원도에서 아들 ○○
○과 함께 숨을 죽이며 살고 있다.[4]

당시 정·관·재계는 물론 군부 요인들도 고급 요정에 출입하면
서 막후 정치와 각종 이권을 주고받은 이른바 '요정정치'가 판치던
시절이다. 술판에는 접대여성들이 끼었고, '2차'로 가는 곳이 호텔이
었다. 사생아들이 생겨나고, 정·관가에 화젯거리가 되었으나 크게
문제시되지 않고 지나갔다.

김재규가 중앙정보부장 시절에 실시한 DNA 검사였기 때문에 얼
마나 정확한 검사 결과였는지는 헤아리기 어렵다. 그런데 전두환
계엄사는 사실조차 다르게 공개하고 그를 패륜아로 몰았다.

4

5·16 군사쿠데타 이후 승승장구

6사단장으로 학생시위 진압

1961년에 박정희가 주동한 5·16 쿠데타가 벌어질 당시 김재규는 육군 준장으로, 1960년 1월부터 1년간 육군대학 부총장을 지내고 육본 관리참모부 관리심사처장을 거쳐, 국방부 총무과장으로 일하고 있었다. 쿠데타를 주도한 이들은 육사 2기생과 8기생들이었으나 김재규는 주체세력으로 참여하지는 않았다. 이로 미루어 보아 김재규와 박정희는 동향이고 동기생인데도 군대 안에서 일정한 거리를 두고 있었던 것 같다.

5·16 쿠데타를 성공시킨 뒤에 2기생 중에는 한웅진 소장과 한신 소장만이 국가재건최고회의 위원으로 들어갔다. "5·16이 성공한 뒤 2기 혁명 주체인 한웅진 소장은 박 대통령에게 동기생들을 될수록 많이 발탁해 쓰도록 전했다고 한다. 그러나 박 대통령은 '동기생이면 다 동기생이냐? 동기생을 불러들이면 동기생만 쓴다고 욕을 먹게 (…)' 하고 거절했다고 한다."[1]

아무리 쿠데타를 주동하여 군권은 물론 국권을 장악한 박정희라도 '너, 나' 하고 지내던 동기생들보다는 부리기 쉬운 처조카 김종필이 주도한 8기생 출신들이 만만했을 터이다. 그런데 5 · 16이 터지고 정확히 한 달이 지난 6월 16일에 김재규는 호남비료회사 사장으로 발령받았다. 평소 거북했던 동기생을 유배시킨 것인지, 안전한 후방에서 지내도록 봐준 것인지 알 수는 없다. 다만 김재규는 1963년 8월 20일까지 26개월간 호남비료회사에서 군인도 아니고 민간인도 아닌 신분으로 지내야 했다.

그는 6월에 당시 건설 중이던 나주의 호남비료 사장으로 임명되어 군복을 입은 채 취임, 지지부진하던 건설공사를 완공시킨다. 그는 이때 공장 완공에 공을 세우면서 심한 비난의 대상이 되기도 했다. 건설회사를 강하게 몰아쳐 공사기간을 약 1년간 단축시키는 과정에서 무리가 따랐기 때문이다. 그는 아침 2시간, 오후 2시간씩 작업시간을 늘려 매일 12시간 노동을 강요했고, 공사 세부까지 감독, 부실한 자는 즉각 해고시키는 등 군대식 돌진방법을 강행하여 반발을 샀다는 것이다.[2]

이때의 경험과 경영수완은 뒷날 그가 건설부장관이 되어 중동 건설 수출을 적극 추진하여 큰 성과를 올리는 데 도움을 주었다. 중동 건설이 붐이었던 때이지만 그의 치밀한 계획과 적극적인 추진력에 힘입은 바가 적지 않았다.

김재규의 육사 2기 동기생 박정희는 5 · 16 쿠데타를 일으켜 장면 정부를 타도하고, 2년여 동안의 군정을 실시했다. 그런 뒤 애초의 원대복귀 약속을 뒤엎고 민정에 참여하여 1963년 10월에 실시한 대통령 선거에서 윤보선을 누르고 제5대 대통령에 당선되었다.

5·16 군사쿠데타를 일으킨 박정희 소장(오른쪽).

중앙정보부를 만들어 4대 의혹사건 등으로 거액의 정치자금을 조달하고, 구정치인들을 정치정화법으로 묶어놓은 상태에서, 사전 조직한 민주공화당을 발판으로 대선에서 승리한 것이다.

박정희는 쿠데타와 민정참여의 명분으로 반공체제의 강화와 경제발전을 내세웠다. 반공은 중앙정보부를 통해 손쉽게 리드가 가능했지만, 문제는 경제발전이었다.

박정희는 일본에 손을 내밀었다. 아직 군정 시절인 1962년 11월에 중앙정보부장 김종필과 일본 수상 오히라 사이에 비밀회담이 열리고, 무상공여 3억 달러·차관 3억 달러 제공으로 대일 청구권 문제를 일괄 타결했다. 35년간의 식민통치에 대해 면죄부를 준 대가치고는 굴욕적인 합의였다. 그나마 철저한 장막 속에서 이루어진

회담이어서 국민은 까맣게 모르고 있었다.

1964년 3월에 야당에 의해 굴욕회담 내용이 드러나면서 대일굴욕외교반대 범국민투쟁위원회가 결성되고, 학생들의 결렬한 반대시위가 전국적으로 확산되었다. 5·16 쿠데타 이후 최초로 일어난 야당과 시민·학생들의 궐기였다.

호남비료회사 사장을 마친 김재규는 1963년 9월 1일 자로 제6사단장으로 보임을 받았다. 서울 근교에 있던 6사단은 정치·군사상 대단히 중요한 부대이다. 박정희 대통령이 왜 이 같은 위치의 사단장을 김재규에게 맡겼는지를 두고 의견이 나뉘었다.

한쪽에서는 쿠데타 이후 동향인이자 동기생인 두 사람의 관계가 매우 긴밀해졌을 것이라고 주장했다. 그러나 또 다른 한쪽에서는 군 일부의 반혁명 사건으로 쿠데타 주도세력 일부가 떨어져 나간 데다, 민정이양 후 민간세력의 비판으로 취약해진 정권을 보위해줄 인물은 결국 동향·동기생에서 찾을 수밖에 없었다고 보며, 박정희의 '용인술用人術'이 김재규를 불러냈다고 평가한다.

박정희 정권은 한일회담의 진행 과정을 철저히 비밀에 부쳤다. 그러다가 1964년 3월에야 '한일회담의 3월 타결, 4월 조인, 5월 비준'이라는 방침을 밝혔다. 이에 따라 야당과 재야는 즉각 '대일굴욕외교반대 범국민투쟁위원회'를 결성하고, 전국을 돌며 유세를 벌이기 시작했다. 이어서 3월 24일에 서울대생들은 '한일회담의 즉각 중지'를 요구하는 집회를 열고, 이케다 일본 수상과 '현대판 이완용' 김종필의 화형식을 거행한 뒤 가두시위를 벌였다.

학생들의 시위는 삽시간에 전국 대학으로 번져나갔다. 5월 20일,

서울 시내의 대학생연합이 박정희 정권이 표방한 '민족적 민주주의'의 장례식을 거행하고, 4·19 민족·민주이념에 정면 도전한 군사정권 타도 투쟁을 선언했다. 이날 시위로 학생 1백여 명이 부상하고 2백여 명이 연행되었다.

그러나 학생들은 굴하지 않고 단식농성 등을 벌이면서 투쟁을 계속했다. 6월 3일에는 시위대 1만여 명이 광화문까지 진출하고, 파출소에 불을 지르는 등 시위가 격렬해졌다. 또한 시위는 군사쿠데타, 부정부패, 정보정치, 매판독점자본, 외세의존 등 군사정권의 본질적인 문제를 제기하면서 점점 확대되었으며, 비판 분위기가 고조되면서 정권퇴진을 요구하기에 이르렀다.

학생들의 시위에 많은 시민이 가세하면서 시위대의 규모가 커지자 박정희는 위기감을 느끼게 된다. 박정희는 결국 그날 밤 8시를 기해 서울시 일원에 비상계엄을 선포하고 대대적인 탄압을 개시했다. 계엄사령부는 포고령으로 일체의 시위 금지와 언론·출판의 사전검열, 모든 학교의 휴교를 명령했다.

김재규는 사단병력을 이끌고 서울에 진입했다. 덕수궁에 지휘소를 두고 광화문에서 중앙청을 향해 왼쪽을 맡았다. 28사단은 그 반대쪽을 담당.

부대배치는 밤사이에 이뤄졌는데, 시민들이 아침에 일어났을 때는 이미 시내 요소요소에 계엄군이 바리케이드를 치고 실탄을 장전한 기관총을 걸어놓고 있었다. 사상 처음으로 대학 캠퍼스에까지 군이 진주했다.

그간 김재규는 강경파 정부 각료의 행동을 못마땅하게 본 것 같다.

당시 K 장관이 데모 현장에서 주운 하이힐 6가마 반을 무슨 전과라도 되는 양 말하는 것을 보고 분개하기도 했고, 데모 진압 도중 여학생의 가슴을 만졌다는 소문에 대로하기도 했다고 한다.[3]

보안사령관에서 3군단장으로 좌천

박정희는 1966년 1월 15일에 김재규를 육군 소장으로 진급시키고, 6관구 사령관으로 보직을 바꾸었다. 6관구 사령관은 후방지역의 군수 및 기타 지원을 총체적으로 관리하는 요직이다. 김재규는 1968년 2월에 방첩부대장으로 전임될 때까지 25개월 동안 6관구 사령관을 맡았다.

이 시기에 정치적·사회적으로 많은 변화가 있었다. 1967년 5월 3일에는 제6대 대통령 선거가 실시되어 박정희가 재선되고, 6월 7일에는 제7대 국회의원 선거가 실시되었다. 그런데 이 국회의원 선거는 3·15 부정선거를 방불케 하는 부정·관권선거였다. 야당의 부정선거 규탄과 재선거 실시 요구에 시민·학생들이 동조하면서 다시 위기가 고조되었다. 정부는 전국 28개 대학과 57개 고등학교에 휴교령을 내리는 등 강압책으로 맞섰다.

중앙정보부는 이 같은 사회 분위기의 전환용으로 1967년 7월 8일에 이른바 '동베를린 대남공작단 사건(동백림 사건)'을 발표한다. 유럽에 유학 중인 교수, 학생, 음악가, 화가 등의 지식인들이 동베를린 주재 북한공작단에 포섭되어, 평양에 가서 북한노동당에 입당하고 거액의 공작금을 받고 이적활동을 해왔다는 것이다. 김형욱 중앙정보부장이 '동베를린 거점 북한 대남공작단 사건'이라고 발표한 이 사건에는 약 200명이 연루되었는데, 107명이 구속되고 윤이상을 비롯한 34명이 사형과 무기징역 등 유죄 판결을 받았다.

유럽에서 활동하던 작곡가 윤이상, 화가 이응로 등과 함께 천상병 시인도 연루되어 고문을 당했다. 군사정권은 정치·사회적 위기가 닥치면 어김없이 공안사건을 과대 포장하거나 날조하여 국면전환용으로 써먹었다. 동백림 사건은 훗날 당시 박정희 정권이 정치적 목적을 위해 사건의 외연과 범죄사실을 확대·과장한 것, 즉 조작·날조한 사건으로 드러났다.

해가 바뀐 1968년 1월 21일, 북한 무장공비 31명이 청와대를 습격하기 위해 서울에 진입하는 전대미문의 사건이 발생했다. 경찰의 불심검문에서 발각된 무장공비들은 총을 쏘며 저항했고, 31명 중 29명이 사살되고 한 명은 살아 돌아갔으며 유일하게 살아남은 김신조는 투항했다. 북악산에는 지금도 당시의 총탄 자국이 고스란히 남아 있는 소나무(일명 1·21 사태 소나무)가 있다. 반공을 국시로 삼고, 국민의 인권을 유린하면서 내세웠던 국가안보에 구멍이 뚫리며 청와대 인근까지 공비가 들어오는 참담한 사건이었다.

박정희는 김재규가 다시 필요했다. 김재규는 방첩부대장으로 임명되었다. 자유당 시절 이승만 휘하에서 군권은 물론 정치에 개입하여 온갖 비행을 자행한 김창룡의 육군특무부대의 후신인 방첩부대의 이미지를 쇄신하기 위해 보안사령부로 이름을 바꾸었다.

연역을 살펴보면, 1948년 5월 조선경비대 정보처 안에 특별조사과가 대공업무 전담기구로 설치되었고, 1949년 10월 육군본부 정보국 방첩대로 개편되고, 1950년 육군본부 직할 특무부대로 독립했다가 김창룡의 독무대가 되었으며, 군사정권에서 방첩부대, 보안사령부라는 이름으로 공비소탕과 간첩검거 등의 임무를 맡았다.

김재규가 근무할 때의 방첩부대는 간첩을 검거하는 데 많이 기여한 것으로 나타났다. 중앙정보부의 위세가 막강하여 정치 · 사회 쪽을 넘볼 처지가 못 되었기 때문일 것이다. 김재규는 보안사령관 시절인 1969년 4월 1일에 중장으로 진급하여, 그가 바라던 별 3개를 달았다. 그리고 중장으로 진급한 지 17개월 만인 1971년 9월 23일에 3군단장으로 전임되었다.

보안사령관에서 3군단장으로 전임된 것은 일종의 좌천이었다. 박정희는 장기집권을 위해 1969년 9월 날치기로 국회에서 3선 개헌안을 처리하고, 1971년 4 · 27 대통령 선거에서 야당의 신예 김대중을 힘겹게 누르고 제7대 대통령에 당선되었다. 중앙정보부가 주도한 선거는 관권과 천문학적인 국가예산을 투입한 부정선거의 결과였다. 관권 부정선거를 치르지 않으면 정권을 유지하기가 어려울만큼 박정희 정권은 국민의 신뢰를 잃고 있었다.

박정희가 3선에 성공한 뒤 김재규 보안사령관을 교체한 배경은 알려지지 않았다. 다만, 4 · 27 대선의 논공행상에서 밀려난 것으로 추측할 뿐이다. 박정희는 이때 대선을 치르면서, 더 이상 국민 직선으로는 대통령에 당선되기 어렵다고 판단하고 유신통치체제를 구상하고 있었다.

박정희는 예측불허의 인물이다. 5 · 16 쿠데타를 일으킨 것도 그렇고, 3선에 성공한 뒤 1971년 12월 6일 '느닷없이' 국가비상사태를

10월 유신을 발표하는 김성진 청와대 대변인.

선포한 것도 그렇다. 국가비상사태를 선포하면서 국가안보를 최우
선시하고, 일체의 사회불안을 용납하지 않으며, 최악의 경우는 국
민의 자유의 일부도 유보할 결의를 가져야 한다는 등 6개 항의 반헌
법적인 특별조치를 발표했다.

　대학가에 위수령이 발동되었고, 데모 주동학생을 가혹하게 처벌
해서 이미 학원사태가 수그러들었고, 사회의 전체적인 분위기도 정
부의 강경책으로 크게 위축되던 시점에서 나온 국가비상사태 선포
는 그야말로 '느닷없는' 폭거였다.

　박정희는 10여 년 동안 집권하면서 이미 1인권력에 도취되었다.
그가 권력을 내려놓는다는 것은 곧 '스스로 죽는 것'을 의미했다. 그
래서인지 박정희는 1972년 10월 17일 다시 한번 '느닷없이' 군대를

동원하여 헌법 기능을 마비시키고 반대파의 정치활동을 전면봉쇄
하는 사실상의 친위쿠데타를 감행했다.

박정희는 5·16 쿠데타를 일으킨 지 11년, 3선 연임 금지의 헌법
을 고친 지 3년, 4·27 대통령 선거로 제7대 대통령에 취임한 지 불
과 1년 반 만에 또다시 친위쿠데타로 헌정을 짓밟고, 1인 독재권력
을 더욱 강화했다. 이때부터 1979년 10월 26일 저녁 김재규에 의해
암살당할 때까지 7년 동안을 마치 봉건군주처럼 군림하면서 전횡을
일삼았다. 그중에는 "다양한 직업여성 100여 명을 보유"한 중앙정보
부가 주선한 엽색행각의 품목도 들어 있었다.

25년간의 군 생활을 마치다

박정희에게 김재규는 과연 어떤 존재였을까? 이를 가늠하기란 쉽
지 않다. 박정희가 워낙 복합적인 인물인 데다 김재규 역시 단순하
지 않은 성품의 인물이기 때문이다. 10·26 사건 당시 궁정동 만찬
의 현장에 있었고, 박정희와 김재규 두 사람과 가까웠던 김계원 전
청와대 비서실장은 두 사람의 관계를 어떻게 보았을까?

군사재판 당시 전창렬 검찰관의 신문에 답한 김계원의 이야기를
들어보자(발췌).

김계원: 60년도 4·19 직후에 제가 육군대학 총장으로 진해에 부임하니
        까, 김재규 부장은 거기에 부총장으로 근무 중이었습니다. 거
        기서 처음으로 친근하게 알게 되었습니다. 6개월간 같이 근무

하는 동안, 둘 다 가족은 서울에 있고, 학교 안에 있는 관사에 같이 있었기 때문에, 조석으로 자주 만나서 친근해졌습니다.

특히 그 당시에 작고하신 각하께서 부산의 군수기지사령관으로 계셨기 때문에, 김재규 피고인은 돌아가신 각하와 고향도 같고 가까운 사이여서 육군대학이 여러 가지 보급 면에서 어려운 때는 김재규 피고인이 부산에 가서 여러 가지 도움을 받아오곤 해서 특별히 가까워졌고, 또 한 번은 육해군 합동 군수물자 상륙훈련이 마산에서 있었습니다.

그 후에 제가 1군사령관 당시에, 김재규 피고인이 현리에서 6사단장으로 있었는데, 그 당시에 한 번 돌연히 각하께서 저녁에 김재규 피고인의 사단장 숙소에 가시는 일이 있었습니다. 그때 본 피고인과 동행한 일이 있었고, 사단장 숙소에서 각하를 모시고 저녁 만찬을 같이 한 일이 있었습니다.

그 후에 본인이 육군참모총장 당시, 김재규 피고인은 6관구사령관으로서 육군본부에 여러 가지 군수보급지원을 하고, 특히 국군의 날 행사 같은 때는 6관구에서 전반적인 보급지원의 임무를 맡고 있기 때문에 자주 만날 기회가 있었습니다. 본 피고인이 중정부장 당시에 김재규 피고인은 육군보안사령관을 했습니다. 업무상 자주 만날 기회가 있었고, 그 당시에 여러 가지 내적인 문제도 제가 해결해준 일이 있습니다.

본 피고인이 주중대사로 있는 동안, 김재규 피고인이 건설부장관으로서 사우디에 갔다 오는 길에 대만 정부의 초청을 받고 대만에 들러서, 본인과 이틀 같이 있은 일이 있습니다. 본인과 특별히 가까운 사이였고, 본인이 대만에 근무한 지가 그 당시 이미 4, 5년이 경과되었기에, 본국에 돌아오고 싶은 마음이 있어서 각하와 특별히 가까운 사이라는 것을 알고, 본국에 돌아올 수 있는 길을 건의해달라고 부탁한 일이 있습니다. 주중대사로 있는 동안 본국에 오면, 한 번인가 두 번 김재규 피고인이 부부동반해서 저녁 초대를 해준 일이 있습니다. 본 피고인 생각에는 본인과 김재규 피고인은 남보다 좀 가까운 사이라고 생각했습니다.

검찰관: 그 당시에 각하께서 6사단장 숙소를 직접 갈 정도로 가까운 사이였습니까?

김계원: 국방장관이 김성은 씨였습니다. 국방장관하고 각하하고 낮에 청평인가에 갔다 오시다가 저녁에 거기 들렀습니다.[4]

김재규는 1973년 3월 5일에 17개월간 머물렀던 제3군단장을 마지막으로 25년간의 군인생활을 마치면서 〈장부한丈夫恨〉이라는 한시를 남겼다. 이 시는 후임 군단장이 군단 법당 앞 주춧돌에 새겨놓았는데, 10·26 사건 이후 철거되었다.

장부한丈夫恨

眼下峻嶺覆白雪(안하준령복백설)   눈 아래 준령에 흰 눈이 덮여 있다
千古神聖誰敢侵(천고신성수감침)   이 천고千古의 신성神聖함을 누가 감히 침
략할 수 있으리요

南北境界何處在(남북경계하처재)　남북의 경계는 그 어디에 있는가

國土統一不成恨(국토통일불성한)　나라의 통일을 이루지 못해 한恨이로다

남북통일을 이루지 못하고 군부를 떠난 것이 한스러워 읊은 것으로 인식되지만, 문맥을 살펴보면 달리 해석할 수도 있다. "이 천고의 신성함을 누가 감히 침략할 수 있으리요"라는 구절은 국민의 신성한 천부인권을 짓밟은 유신쿠데타를 비판하고 있다고 풀이하는 의견도 있다.

5

애증의 갈등 속에서

박정희 대통령에게서 등을 돌리다

박정희가 '속도형'이라면 김재규는 '방향형'이다. 박정희의 생애, 즉 '교사→만군 혈서 지원→일본 육사→한국 육사 2기→피난 수도 부산에서 쿠데타 모의→5·16 쿠데타→유신쿠데타→긴급조치' 등에서 알 수 있듯 그는 공명심과 출세욕을 지향하는 과속형의 특성을 지니고 있다. 이와 달리 김재규는 '교사→일본군 징병(또는 지원)→한국 육사 2기→보안사령관→중정부장→박정희 암살' 등의 과정을 보면 방향을 상당히 중시하는 모습이 엿보인다. 박정희가 '목표지향형'이라면 김재규는 '방법지향형'이다.

　김재규는 유신쿠데타를 대한민국의 기본가치를 뒤엎는 역천逆天으로 인식했던 것 같다. 이승만 대통령이 짓밟은 민주공화제를 4·19 혁명으로 바로잡았는데, 박정희가 5·16에 이어, 이번에는 아예 주권재민과 삼권분립의 기본가치조차 유명무실하게 만들어버렸기 때문이다.

　김재규는 군인의 신분이라서 대놓고 반대비판을 할 수 없었으나, 유신헌법을 몇 차례 숙독하면서 분노의 감정을 억제하기 어려웠다.

그래서 3군단장 시절, 박정희가 시찰 나왔을 때 박정희를 부대에 가두고 하야시킬 계획을 세웠다고 한다. 10·26 사건 이후 신군부의 서릿발이 선 시기에 김재규 피고인의 변호인단을 구성했던 김제형·이돈명·강신옥·조준희·홍성우·황인철·안동일 변호사가 고등군법회의에 제출한 「항소이유서」에는 이와 관련된 이야기가 실려 있다.

피고인 김재규가 유신헌법을 폐기하고 자유민주주의를 회복시키고자 결행한 이번 거사의 결심은 유신헌법의 공포 당시로 거슬러 올라갑니다. 1972년 10월 17일 유신헌법이 공포되었을 때 피고인은 3군단장으로 있으면서 유신헌법을 두세 번 읽어보니 이 헌법은 대통령이 영구집권하려는 헌법이지 민주헌법이 아니구나 하는 부정적인 생각에 이르기 시작하였다는 것입니다.

그때 피고인은 벌써 보안사령관을 역임한 관계로 정치적 감각이 예민할 때였습니다. 박 대통령은 여당 일각의 반대세력마저도 억누르고 3선 개헌을 통과시킨 후 3선 때에 김대중 대통령 후보자와의 선거전에 대세가 여의치 않자 장충단공원에서 마지막으로 대통령에 출마하는 것이라고 국민에게 공약하고 당선된 후 다시는 선거로써 당선되기는 어려울 것이라는 판단 아래 앞서의 공약을 식언하고 종신집권을 하기 위해 소위 '10월 유신'이라는 것을 단행하여 그 3선이 못마땅한 것이긴 하였어도 그래도 민주헌법의 모습은 갖고 있던 자유민주주의의 헌법의 기본을 파괴한 유신헌법을 공포하였다는 것입니다.

그때부터 피고인은 박 대통령의 애국심이 집권욕에 못 미치고 있다고 느끼기 시작하였고 박 대통령의 집권욕을 철저히 싫어하게 되었다는 것입니다.

그때 피고인은 3군단 사령부의 울타리를 만들면서 박 대통령이 군단에 방문할 것을 예상하여 통상 울타리를 만드는데 밖에서 안으로 침입하는 것을 막기 위한 형태를 취하는 것인데도 일단 사령부로 들어온 사람은 밖으로 나갈 수 없는 이례적인 형으로 울타리를 만들게 한 사실도 있었고, 이 울타리는 지금도 군단에 그대로 있다는 것입니다.

그때 피고인 내심의 의사는 박 대통령이 3군단에 피고인을 방문하면 박 대통령을 연금해놓고 하야시켜볼 생각을 가졌으나 막상 박 대통령이 군단을 방문하여 만나보면 전에 한 결심이 사그라졌다는 것입니다.[1]

김재규는 "애국심이 집권욕에 못 미치고" 있는 박정희에게서 등을 돌렸다. 시정의 장삼이사라면 몰라도 한 나라의 최고지도자가 집권욕이 애국심보다 앞선다면 국가의 비극이고 불행한 일이다. 변호인단에 따르면 김재규는 3군단장 시절에 유신을 감행한 박정희를 제거의 대상으로 삼고 기회를 노렸다고 한다.

마지못해 수락한 유정회 국회의원

김재규는 평소에 군인으로 최고의 위치에 오르고, 군인으로서 명예롭게 은퇴하기를 바랐다. 그런데 대장으로 진급하지 못하고 3군단장(중장)을 끝으로 군복을 벗어야 했다. 뜬금없이 유신정우회(유정회) 국회의원에 추천되었기 때문이다. 예비역 장성 8명 중 한 명이었다.

김재규로서는 전혀 예상치 못한 감투였다.

유신체제는 정치구도상으로는 통일주체국민회의와 유정회라는 두 '괴물집단'에 의해 유지되었다. 먼저, 통일주체국민회의는 체육관에서 대통령과 국회의원 정수의 3분의 1을 선출하는 어용기구였다. 통일주체국민회의 대의원들은 속칭 '통대'라고 불렸다. 유정회는 대통령이 지명하여 '통대'에 의해 '비준'된 관선 국회의원 집단으로, 역시 어용기관이었다.

유신정우회는 1973년 3월 7일 통일주체국민회의에서 제9대 국회의원으로 선출된 국회의원들이 구성한 준정당의 원내교섭단체를 말한다. 유정회의 성격은 정치적 조직이면서 정당도 아니고 사회단체도 아닌 특수성을 지니고 있었으며, 활동목표를 유신헌법 체제의 수호 및 발전, 국회의 직능대표적 기능에 둔다고 하였으나, 실제적으로는 대통령이 국회를 장악하기 위한 원내 전위부대로서 거수기의 역할을 맡았다. 일제 말 조선총독의 자문기구인 대정익찬회와 비슷했다.

제9대 지역구 국회의원 선거를 치른 지 1주일 후인 1973년 3월 3일 박정희는 유정회 국회의원 후보 73명과 예비후보 14명의 명단을 확정, 이를 통대회의에 일괄추천했다. 후보자의 소속 분야별로 분석해보면 정계인사 20명, 학계 7명, 교육계 3명, 예비역 장성 8명, 여성계 8명에 사회 각계 4명으로 되어 있었다.

이렇게 박정희 정권은 유정회 국회의원을 빌미로 권력지향적인 대학교수, 학자, 문필가, 언론인들을 체제 내로 편입시켰고, 이들은 박정희 정권의 기대에 부응하고자 국회는 물론 국회 밖에서도 유신체제를 옹호

하는 다양한 활동을 전개했다.[2]

당시나 지금이나 국회의원에 명을 건 사람들이 적지 않다. 그러나 김재규는 그들과 생각이 달랐다. 국회의원은 그에게 전혀 내키지 않는 감투였다. 더욱이 임명직 국회의원은 의식 있는 국민의 조롱거리에 불과했기 때문이다.

김재규 장군은 처음에는 "군인은 군인으로 끝나야지" 하면서, 끝까지 '김재규 장군'으로 남기를 원하여 의원직을 선뜻 받아들이지 못했다. 김재규 장군은 자신이 유신을 반대했으므로 유정회 의원직이 유신에서 생겨난 기괴한 의원직임을 누구보다 더 잘 알아서 의원직을 수락 못 하고 고민하였다. 김재규 장군은 고민 끝에 그래도 나라를 위하여 뭔가를 하려면, 시골에 묻혀 있어서는 안 되겠다고 생각하고 마지못해 의원직을 수락했다.[3]

유정회는 '출생의 신분'에 걸맞게 행동했다. 의회 본연의 임무인 '민의대변'과 '행정부 견제'의 역할이 아니라 유신체제를 비호하고, 박정희 충견 노릇에 충실했다. 김재규는 그럴수록 유정회 국회의원이라는 신분이 부끄러웠다.

과묵한 그가 이런 의사표시를 사람들에게 한 적이 없어 사실 여부를 확인할 수는 없다. 더욱이 그의 짧은 의원생활(그는 그해 12월에 중앙정보부 차장이 된다) 동안 그의 의정활동이 다른 사람의 눈에 띄지도 않았고, 그의 '뜻'

을 펼쳐 보인 적도 없어 더욱 알 길이 없다. 국회에서 그를 만났던 전 공화당의 중진 한 사람도 그가 3군단장 시절 이후 계속 '혁명'을 꿈꾸어왔다는 그의 주장에 고개를 갸웃거렸다. 그런 기미를 전혀 보이지 않았다는 것.

어쨌건 김재규에게 유정회 의원 자리는 그리 좋은 자리는 아니었던 것 같다. 특히 지역구 출신만을 진짜 국회의원으로 생각하는 세평 때문에 더욱 그러했던 것 같다.[4]

현역 국회의원에서 중앙정보부 차장으로

왕조시대나 1인독재 시대에 그 권솔 아래에 있는 사람의 운명은 창조주의 권능에 못지않게 독재자의 의중에 따라 좌우된다. 김재규는 5·16 쿠데타 이후 박정희의 손바닥 안에서 헤어나기 어려운 처지였다. 내키지 않은 유정회 소속 국회의원을 지내고 있던 1973년 12월 14일, 이번에는 중앙정보부 차장에 임명되었다.

아무리 비상식이 지배하는 시대라지만 현역 국회의원을 정보기관의 차장으로 임명하는 것은 비상식의 극치였다. 박정희의 용인술을 이해하기에 앞서 당시 정국상황을 살펴보자.

1972년의 유신 선포(10월 17일)를 앞두고 박정희는 이번에도 느닷없이 7월에 중앙정보부장 이후락을 평양에 보내 7·4 남북공동성명을 발표하게 한다. 그리고 이를 빙자해 유신쿠데타를 감행한다. 또 1973년 8월, 1971년 대선 때의 적수로서 해외에서 반유신 활동을 해온 김대중을 도쿄에서 납치하는 일을 벌인다.

이를 계기로 유신쿠데타 이후 최초로 10월 2일 서울대 문리대 학생들이 반독재 민주화 시위를 벌였는데, 시위는 곧 전국 대학으로 확산되었다. 그해 12월 말에는 함석헌과 장준하 등 재야인사들이 개헌청원 100만인 서명운동을 전개했다. 정국은 유신헌법을 유지하려는 세력과 개헌을 주장하는 세력으로 나뉘어 첨예하게 대립했다.

박정희는 이런 위중한 시기에 김재규를 중앙정보부 차장으로 임명했다. 훗날 김재규와 박정희의 운명을 바꿔놓은 중앙정보부는 그럼 과연 어떤 기관인가?

박정희는 쿠데타가 성공하자 안정적으로 권력을 유지하고자 1961년 6월 10일 법률 제619호로 '중앙정보부법'을 국가재건최고회의에서 제정·공포하여 중앙정보부를 창설했다. 중정은 이후 18년 동안 인권탄압과 정보정치의 대명사처럼 불리며 박정희의 수족이 되고, 결국 그 수장의 총격으로 창설자가 암살되기에 이르렀다.

국가재건최고회의 직속으로 발족된 중정은 "국가안전보장에 관련된 국내외 정보사항 및 범죄수사와 군을 포함한 정부 각 부서의 정보·수사활동을 감독"하며, "국가의 타 기관 소속 직원을 지휘·감독"하는 막강한 권한을 갖게 되었다.

중정은 군 내부의 반혁명 기도나 민간 정치인들의 저항을 효과적으로 분쇄·저지하기 위해 비밀리에 조직되었다. 쿠데타의 2인자 김종필이 군부 내 기반이었던 특수부대요원 3천여 명을 중심으로 중정을 조직하면서 대통령(당시는 최고회의 의장) 직속의 최고 권력기관으로 군림하게 만들었다. 따라서 중정은 각종 정보·수사기관뿐만 아니라 정부를 구성하고 있는 모든 기관의 활동을 지휘·감독할 수 있는, 명실공히 최고 권력 기관으로 현역 군인의 직접적인 참여를 통해 군부를 완벽하게 장악할 수 있었다.

군사정권은 중앙정보부를 통해 정부기관·군부에 그치지 않고 사회의 모든 분야에 대한 실질적인 통치력을 발휘해 감시와 통제활동을 벌여서 국민에 대한 통치를 구체화시켰다.[5]

그렇다면 중정의 뿌리는 어디이고, 사력은 어떠하며, 김재규가 꺼리던 당시 중앙정보부장 신직수는 어떤 인물인가?

쿠데타로 창설된 중앙정보부는 미국 CIA에서 조직 명칭을 따왔고, 후에는 CIA 교범으로 요원들을 교육시켰다. 그러나 중앙정보부의 탄생 배경은 오히려 소련의 KGB와 유사하다. 즉 쿠데타 이후 이른바 '혁명 보위 기구'로 출범하였던 것이다. 또한 조직에서도 KGB처럼 해외와 국내 부문을 통합한 것도 유사점이라고 지적할 수 있다. 소련의 지원으로 국가 구조를 만든 북한이 정보와 대내 보안을 분리한 반면, 미국의 영향 아래 국가 구조를 만든 한국이 소련의 KGB처럼 정보와 보안 기능을 통합한 정보기관을 가졌다는 사실은 아이러니한 일이다.

중앙정보부는 끊임없이 계속된 반혁명의 위협 속에서 "국가 안전 보장과 관계되는 국내외 정보 사항 및 범죄 수사와 군을 포함한 정부 각 부의 정보 수사 활동을 조정 감독"하는 무소불위의 국가정보기관으로 성장했다.[6]

유신체제에 반감을 품어온 김재규는 중앙정보부 차장이 크게 내키지 않았다. 어머니를 비롯하여 가족·친지들도 모두 반대했다. 중정이 국민의 원부처럼 비판받았기 때문이다.

게다가 현직 중앙정보부장 신직수는 군대 서열상 김재규의 한참 후배였다. 김재규가 5사단(사단장은 박정희) 참모장으로 있을 때 신직수는 법무장교(소령)로 근무했다.

7대 신직수 부장(1973. 12. 3~1976. 12. 3)은 박정희 법무참모를 지낸 군 법무관 출신으로 중앙정보부 창설 이후 첫 법률가 출신 수장이었다. 법률가인 신직수는 취임 이후 유신에 반대하는 민주화운동을 진압하기 위해 제6국을 강화하고 공안사건을 조작하였다. 문인간첩단과 민청학련 사건, 인혁당 사건은 법률가인 그가 부장으로 재임 중에 발생한 대표적인 조작 사건들이다. 그는 또한 《동아일보》 광고주들을 협박해 광고를 해약시키는 등의 언론 탄압을 기획한 것으로 알려졌다.[7]

김재규가 중앙정보부 차장으로 일할 때의 정치 상황은 그야말로 살얼음판이었다. 1974년 1월 8일 유신헌법에 대한 반대와 개헌논의를 금지하는 긴급조치 1호에 이어, 민간인들을 군사법정에서 재판하는 비상군법회 설치를 내용으로 하는 긴급조치 2호, 그리고 4월 3일에는 민청학련 사건 발표와 함께 긴급조치 4호가 선포되었다. 하나같이 초헌법적인 권력 행사이고, 이때 발생한 사건들은 민주인사들을 탄압하고자 박정희 정권이 조작한 사건들이었다.

이 같은 긴박한 상황에서 8·15 광복절 기념식장에서 박 대통령

부인 육영수 여사가 재일교포 출신 문세광이 쏜 총에 맞아 사망하고, 8월 23일에는 사쿠라 논쟁을 빚었던 이철승 대신 김영삼이 선명 노선을 내걸고 신민당 총재로 당선됨으로써 정가는 더욱 긴장이 고조되었다.

건설부장관이 되어 중동 붐에 기여

이런 어수선한 상황에서 김재규는 1974년 9월 17일 건설부장관으로 전격 입각했다. 중앙정보부 차장이 된 지 9개월 만이었다. 그가 신직수 중앙정보부장 체제에서 벗어난 것은 그나마 행운이었다. "신직수는 1976년 10월, 로비스트 박동선이 미국 의회에 거액의 로비 자금을 제공한 사실이 보도됨으로써 시작된 한·미 간의 외교 마찰을 빚은 코리아게이트 사건이 발생하고, 중앙정보부 요원 김상근이 미국에 망명한 것을 계기로 그해 12월 3일 경질되었다."[8]

박정희가 김재규를 건설부장관에 임명한 데는 박정희가 5사단장이고 김재규가 참모장을 하던 시절 있었던 일화가 크게 작용했던 것 같다.

박정희 씨가 5사단장을 할 때, 김재규 씨는 5사단 참모장을 했는데, 박 사단장은 어느 겨울날 김 참모장에게 하사관학교를 지으라고 명령했다. 김재규 참모장은 날씨가 추워서 흙을 바를 수가 없어 고민하다가 박 사단장에게 황소 한 마리를 보상금으로 달라고 했다. 김재규 참모장은 황소 한 마리로 회식을 베풀어 부하들의 사기를 진작시키고 미제 식기에

숯불을 넣어 이긴 흙이 얼지 않게 해서 다림질하여 흙집을 지었다. 김재규 장군의 호위병을 지냈던 이종도 씨에 따르면, 박정희 대통령은 김재규 장군이 5사단 하사관학교를 기발한 아이디어로 지은 사실을 기억해서 그를 건설부장관에 임명했다는 것이다.[9]

당시 국내의 정치 상황 못지않게 경제사정도 어려웠다. 1973년의 오일쇼크로 석유가 1배럴당 3달러에서 12달러로 치솟았다. 오일쇼크는 석유 소비를 전적으로 수입에 의존하는 우리 경제에 큰 영향을 미쳤다. 특히 중화학공업화 드라이브를 추진하는 도중이어서 타격이 클 수밖에 없었다. 김재규의 건설부장관 입각은 많은 의구심을 낳았으나 그는 보란 듯이 '장관'으로서 큰 업적을 남긴다. 중동시장 개척의 선구자로 우뚝 선 것은 물론 경제 고비를 넘기는 데 일조한다.

그가 왜 건설부장관에 기용됐는지는 알 수 없지만, 그는 2년 3개월 동안의 재임 중 중동中東 건설 수출을 적극 추진, 상당한 실적을 올린다. 74년 6천9백만 달러의 중동 건설은 그의 재임 중인 75년 8억 5천만 달러로 격증했다. 중동과 전혀 관련이 없었던 그가 중동시장 개척의 선구자가 된 것은 특기할 만한 일이다.

어쨌건 당시의 경제난국은 중동 건설 진출로 고비를 넘기면서 호황으로 돌아섰는데, 그는 장관취임 직후에 "나는 경제도 모르고 오직 총만지는 것만 알고 있다. 우리 경제가 앓고 있는 병의 진원지는 중동이다. 처방도 중동에서 찾아야 한다. 그곳의 오일달러를 들여올 궁리를 하자"고 말했다고 한다. 그가 중동에 착안한 것은 당시 건설업자로 중동에 자주 드나들었던 동생 황규■■ 씨의 권유가 단초를 열었다고 한다.[10]

김재규가 건설부장관으로 재임하는 동안 중동 건설 붐이 일어나서 많은 외화를 벌어들이고 많은 일자리가 창출되었으며, 중동 특수를 타고 현대건설 등이 세계적인 대기업으로 성장했다. 현대건설의 경우 1975년 10월에 바레인 아랍수리조선소 건설공사를 수주받은 것을 시작으로, 12월에 사우디 해군기지 해상공사를 따냈고, 1976년에는 당시로는 사상 최대의 건설프로젝트였던 주베일 산업항 공사를 9억 3,000만 달러에 수주하는 개가를 올렸다. 이는 한 기업에도 커다란 업적이지만 건설부장관에게도 큰 업적이 아닐 수 없었다.

장관 발령식장에서 저격을 준비하다

건설부장관으로서 눈에 띄는 업적을 쌓았으나 김재규는 장관 발령장을 받는 자리에서 박정희를 쏘고 자신도 자결하여 유신독재체제를 무너뜨리려 했다고 한다. 앞에서 소개한 대로 긴급조치 선포, 민청학련 사건 등 민주주의의 기본가치와 헌정질서가 크게 훼손되던 시점이었다. 국민과 가족들에게 전할 유서 5통까지 준비할 만큼 마음을 굳게 먹었다. 그러나 3군단장 시절 박정희를 연금해 하야시키려던 계획이 무산된 것처럼 이 계획도 결국 실행에 옮기지는 못했다. 변호인단의 「항소이유서」에 그 구체적인 이야기가 실려 있다.

3군단장에서 유정회 국회의원을 거쳐 중앙정보부 차장으로 옮긴 뒤에도 역시 유신헌법은 안 되겠다는 마음이 점점 굳어져 독재체제를 내 목숨 하나 바쳐 바꾸어버릴까 하는 생각을 갖기 시작하다가 마침 1974. 9. 건설부장관으로 발령받고 발령장을 받으러 가는 때 박 대통령을 쏘고 피고인도 자결하여 독재체제를 무너뜨리려는 결의를 갖고,

국민과 어머니, 집사람, 딸 및 남동생들에게 전할 유서 다섯 통을 준비하여 자택 피고인 책상 서랍 속에 넣어두고 조그마한 태극기의 네 면에 민주, 인권, 자유, 평등이라 쓴 것을 피고인의 포켓 속에 넣고 사령장을 받으러 들어갔으나 결행하지 못하고 위 유서와 태극기는 그대로 갖고 있다가,

대통령의 1975년 초도 순시 때에 똑같은 생각으로 건설부장관실에 있는 태극기의 축 늘어진 귀퉁이를 면도칼로 잘라서 그 속에 권총을 넣어 두었다가 순시하는 대통령을 피고인의 목숨과 함께 끊겠다고 결의했으나 막상 대통령과 만난 뒤 대화해보면 모진 마음이 약해져서 그 생각을 버리고 위에 말한 유서들과 태극기를 태워버렸다는 것입니다.[11]

변호인단의 이와 같은 「항소이유서」는 변호인들이 옥중에서 김재규와 접견한 내용을 중심으로 만들어진 것이다. 그렇다면 이 내용들을 입증할 만한 자료는 없을까?

이해학 목사는 긴급조치 1호 위반 혐의로 15년 징역을 선고받고 안양교도소에 수감되었다. 우연히도 같은 방을 쓴 '죄수'가 전 《사상계》 발행인 장준하였다. 장준하는 중국 장쑤성 쉬저우에 있던 일본군 부대에서 탈출하여 수천 리 길을 걸어가 광복군이 된 것으로 잘

알려졌다. 광복이 된 뒤 백범 김구의 비서를 지냈고, 월간 《사상계》를 발행하다가 군사정권의 탄압으로 잡지를 넘기고 정계에 입문해, 옥중에서 제7대 국회의원 선거에 출마해 국회의원으로 당선되었다. 장준하는 줄곧 일본군 출신 박정희는 결코 대통령이 되어서는 안 되는 인물이라며 비판하고, '유신헌법반대 100만인 서명운동'을 주도하다가 구속된 상태였다. 그런데 장준하가 김재규와 인연이 있었다고 한다. 김재규와 장준하는 어떤 사이였을까? 이해학 목사의 이야기를 들어보자.

김재규 씨와는 어떤 관계인가를 물었다. 사모님(장준하 부인—필자) 말씀으로는 67년 제7대 국회의원 선거에서 장 선생이 옥중 당선이 되어 국방위원으로 활약을 하셨을 때부터라고 하셨다. 국정감사를 나가면 거의가 돈과 향응으로 처리했기에 오히려 부정을 합리화해주는 정치권의 모습에, 의기가 넘친 김재규 장군이 정치권에 대한 실망만이 아니라 군에 대한 절망감에 싸여 있을 때에 장준하 의원을 만난 것 같다.
장 의원은 일체의 향응을 거절하고 내무반에 직접 들어가서 사병들과 같이 밥을 먹고 대화를 나누며 제도개선에 앞장서셨다. 김재규 씨가 희망의 눈을 떴다. "아, 한국 정치인 중에도 썩지 않은 사람이 있구나. 그렇다면 우리도 희망이 있는 것 아니냐" 하고 그때부터 군 쇄신에 앞장 설 뿐 아니라 장준하 선생이 근처에 오신다는 연락이 있으면 길을 막고 기다렸다가 대접하고 동료들과 정치 이야기를 즐기는 사이였다.[12]

김재규는 장준하를 만나 어떤 '언질'을 주었던 것 같다. 그런데 그가 건설부장관으로 입각한다는 소식을 듣고 크게 상심했다고 한다. 다시 이해학 목사의 증언을 들어보자.

우리는 밤을 새우며 대화를 나누었다. 이 엄혹한 군사정권을 어떻게 극복할 것인가가 주제였다. 우리가 "시민운동이나 4·19 같은 혁명만이 길"이라고 한 데 비해서 장준하 선생은 "군밖에 없다"라고 단언하셨다. 우리가 제3세계의 군사쿠데타의 악순환을 예로 들면서 군은 새로운 악이라고 우려한 데 비해서 장 선생은 이 정부의 속성을 몰라서 그렇게밖에 생각 못 하는 우리들의 감상주의를 개탄하셨다. 그리고 "군부를 청산하고 민정이양을 확실하게 할 애국군인밖에 없다"라고 단언하셨다. 나는 민주주의자인 장 선생께 대한 실망까지 하였다.

'어떻게 군을 다시 민주화의 도구로 쓸 수가 있을까?' 그러나 그분은 "정의의 편에 협력할 군인도 있다"고 하셨다.

교도소 측에서는 감옥이 정치교육장이 된 것을 눈치챘는지 우리는 전방되어 다른 방으로 가서 동료들과 합방이 되었고 장 선생은 독방을 쓰게 되었다. 그때 장 선생의 심장병이 돋아서 병동으로 옮겨가 버렸다.[13]

장준하는 김재규를 '정의의 편에 협력할 군인'으로 인식했던 것 같다. 장준하가 이같이 '군'을 믿는 데에는 김재규의 어떤 '언질'이 있었으리라 본다. 그것은 일찌감치 박정희에게 실망해 그에게서 등을 돌린 김재규가 실행에는 실패했던 '계획'이 아니었을까.

6

운명의 길, 중앙정보부장

제8대 중앙정보부장에 취임

1976년 12월 4일, 김재규는 중앙정보부장에 취임했다. 51살, 건설부 장관에서 곧바로 직행했다. '김종필→김용순→김재춘→김형욱→ 김계원→이후락→신직수'로 이어지는, 중앙정보부(중정)의 제8대 부 장이다.

중정은 이문동 청사에 더해 1972년 12월에 남산 청사를 새로 준 공하여 이때부터 세칭 '남산'으로 불리는, 민주인사들에게는 고문과 악몽의 소굴이었다.

김재규가 중앙정보부장으로 취임할 당시 내외 정세는 어떠했을 까? 박정희 대통령의 잇따른 긴급조치 선포에도 불구하고 국민의 반유신 항쟁이 계속되자, 정부는 1975년 2월 12일에 유신체제 찬반 의견을 묻는 국민투표를 실시하여 73%의 찬성률을 얻어냈다. 반대 운동이 허용되지 않는 일방적인 국민투표의 결과였다. 이를 신뢰하 는 국민은 많지 않았다.

박정희는 이를 계기 삼아 4월 8일에 긴급조치 7호를 선포하고, 같은 날 대법원에서 사형 판결이 확정된 이른바 인민혁명당 재건위 사건 관련자 8명의 사형을 그다음 날인 4월 9일에 집행했다. 이들은 30여 년이 지난 2007년 재심에서 모두 무죄판결을 받았다. 5월 13일에는 유신헌법에 대한 비방·반대·개정 주장 및 긴급조치 9호에 대한 비방을 금지하는 긴급조치 9호를 선포했다. 대한민국 정부 수립 이래 가장 반헌법적이고 포악한 조치였다.

7월 16일에는 또 시국사범의 사회 복귀를 봉쇄할 목적으로 사회 안전법을 제정·공포했다.

유신정권의 이 같은 폭압에도 학생들과 민주세력은 기죽지 않았다. 1976년 3월 1일을 기해 윤보선·김대중·함석헌·이해동·함세웅 등 민주인사들이 「민주구국선언」을 발표하자, 정부는 관련자 11명을 정부전복선동 혐의로 구속 또는 입건했다.

김재규가 취임하고 20여 일이 지난 뒤 미국의 유력지 《워싱턴 포스트》에서 박동선이 한국 정부의 기관요원으로 미국의 상·하의원과 고위공직자들을 매수했다고 보도해, 이른바 코리아게이트 사건으로 인한 미 의회의 청문회가 열리고, 김형욱 전 정보부장의 망명 등 굵직한 사건들이 터져 나왔다. 국내의 반독재 민주화투쟁은 한층 더 거세게 진행되었다.

이같이 시국이 난마처럼 꼬인 시기에 박정희는 김재규를 중정부장에 임명했다. '운명'이었을까?

1961년 6월 10일에 창설되었던 중앙정보부는 10·26 사건 후 국가안전기획부로 개칭되고, 김대중 정부 때인 1999년 1월에 다시 국가정보원으로 바뀌었다. 제22대 원장(1998. 3.~199. 5.)으로 국가정보원 개혁작업에 나섰던 이종찬(허정 내각의 국방장관과 동명이인)이 지켜본 김재규의 모습은 다음과 같다.

1976년 6월 내가 영국에서 돌아왔을 때는 신직수 부장 시절이었다. 그러나 그해 12월 김재규 부장이 부임했고, 그때부터 10·26 사건이 벌어진 1979년 말까지 근 3년 동안 나는 중앙정보부 본부에 근무하면서 김부장으로부터 많은 신임을 받았다. 동기들 가운데 과장에서 부국장으로 가장 먼저 승진했고, 김 부장으로부터 특별 임무를 부여받기도 했다. 심지어 이철희 차장이 내 소관 사항을 부장에게 보고할 일이 있을 때에는 나를 데려와 직접 보고하라고 시키기도 했다.

나는 속으로 '김 부장이 이종찬 장군(동명이인)을 존경하는 바람에 내가 그 덕을 보나'라고 생각하기도 했다. 그렇게 내가 직접 부장으로 모신 김재규는 기본적으로 선량한 사람이었다. 정의감도 있고, 인정도 많았다. 게다가 그는 효자였고 독실한 불교 신자였다.

그러나 그에게는 남다른 자존심이 있었다. 그 자존심이 훼손되면 참지 못하고 욱하는 기질이 발동되곤 했다. 주위에서는 그것을 일제시대에 소년항공병으로 가서 얻은 '사무라이 기질'이라고 보기도 했다. 문제는 군을 포함해 그의 공직 경력에서 그렇게 자존심 상하는 경우가 대단히 많았다는 점이다. 인간적으로 안타까울 정도였다.[1]

김재규는 평소 술을 마시지 않았으나 공직생활이 계속되면서 마시는 기회가 더러 있었다. 과로 때문인지, 6사단장 이후 나빠진 간肝이 그 당시에 다시 더 나빠졌다.

중앙정보부장이 되어서 업무는 과중되고 휴식 시간은 상대적으로 줄어들고 해서 김재규 부장의 건강상태는 간 경화증으로 위험 수준에 육박하고 있었다. 간 전문 주치의 서울대병원 김정용 박사의 정규 검진 외에도 김재규 부장의 6촌 여동생 김차분 씨가 공관으로 와서 관장(약을 항문에 주입하여 대변을 보게 해서 독소가 빠지게 함)을 시키곤 했으나, 술을 먹은 날은 팔 위에 반점이 생기는 등 간 경화증의 상태는 날로 나빠만 갔다. 김차분 씨는 김재규 부장 시절 3년을 매주 2~3회씩 정기적으로 공관에 드나들며, 김 부장에게 관장을 시키고 김 부장을 소파에 쉬게 하여 반점이 사라지도록 했다.[2]

'대의멸친大義滅親'의 정신 새기며

중앙정보부장은 국가의 모든 정보를 취합하는 자리다. 여기에는 대통령의 정보까지 포함된다. 그동안 멀리서 혹은 가까이서 박정희를 지켜보면서 알 만큼 안다고 생각했는데, 중정부장의 위치에서 보니 문제가 훨씬 심각했다. 1974년에 육영수 여사가 사망한 뒤에 보인 대통령의 사생활은 추악하기 그지없었다.

변호인단이 항소이유서에서 적시한 대로, 김재규가 대통령을 3군단 사령부에 연금하거나 건설부장관 임명식장에서 저격할 계획을 세웠을 만큼 '박정희 제거'가 움직일 수 없는 목표였다면, 그 동기는 어디서부터 싹이 텄을까? 앞에서 '박정희는 속도, 김재규는 방향'이라는 표현을 썼는데, 동향이고 육사 동기생인 박정희가 추구하는 '권력자의 길'에서 그 자신이 많은 혜택을 입으면서도, 마음 한

컨에서는 정녕 그 방향이 정도가 아니라는 '양심의 소리'가 자리 잡게 되었을 것이다.

어릴 때 아버지가 강조한 "바르게 살라"라는 가르침, 피난 수도 부산에서 쿠데타를 꼬드겼으나 군인이 정치에 개입해서는 안 된다는 주장을 굽히지 않았던 이종찬 장군의 교훈, 그리고 민족주의자 장준하와의 만남이 김재규에게 '속도보다는 방향'을 제시해주었다고 할까.

김재규가 중앙정보부 차장에 부임할 때 부인을 비롯해 가족과 친지들의 반대가 많았다고 한다. 그래서 어느 날 역술인을 찾아갔다. 당시는 정부의 각급 청사 기공식에서 고사를 지내고, 주요 행사의 택일을 할 때는 역술인을 찾았다. 대통령 후보들 중에 출마하기 전에 조상의 묘를 옮기거나, 역술인이나 용하다는 점쟁이를 찾는 일이 잦을 때였다.

김재규는 역술인 오 모 씨를 찾아갔다가 뜻밖의 수확을 얻었다. 그의 집에서 액자로 걸어놓은 '비리법권천非理法權天'이라는 글귀가 김재규의 눈을 사로잡았다. 김재규는 정작 역술인의 점괘는 잊어버리고 이 글귀를 머리에 새기고 돌아왔다. "법은 이치에 이기고, 권세는 법에 이기고, 마지막으로 하늘은 권세에 이긴다"라는 뜻이 담긴 이 글귀에서 김재규는 크게 깨달았다.

그가 중앙정보부장에 취임했을 때 군의 선배인 이형석(예비역 육군 소장)은 '대의멸친大義滅親'이라는 휘호 한 폭을 써서 보내주었다. "대의를 위해 사사로움을 배척하라"라는 뜻이었다. 김재규는 이 휘호를 집무실에 걸어놓았다.

김재규는 틈나는 대로 '대의멸친'과 '비리법권천'을 휘호로 쓰면서 실천의지로 다졌다. 10·26 사건 후 재판과정에서 김재규의 행위를 '민주화 의거'로 입증하는 자료 중 하나로 변호인단이 이 휘호들을 제출하기도 했다. 박정희 체제는 이치와 법률보다 긴급조치를 앞세우고, 민주공화의 기본가치보다 3권귀일의 유신헌법을 앞세우는 구조였기 때문에, 국민 그리고 궁극적으로 하늘(역사)의 심판을 받을 것이라 믿는다는 역사인식을 새롭게 했다. 그리고 얼마 뒤에 대의를 위해 권총을 뽑았던 것 같다.

주요 외교관들의 망명 러시

김재규가 떠안은 유신 말기의 국정은 어느 것 하나 녹록지 않았다. 무엇보다 대미관계가 심각한 수준이었다. 중정 출신 인사들과 외교관들의 망명 사건이 줄을 이었다.

김형욱은 6년 동안 지켜온 중앙정보부장(1963~69) 자리에서 밀려나자 박정희에게 보복하고자 하는 앙심에서 미국 망명을 택했다. 3선 개헌과 이른바 동베를린 간첩단 사건 등 각종 굵직한 사건에서 악역을 맡아 박정희에게 최고의 충성을 다했는데도 불구하고 해임이 예상되자, 이에 앙심을 품고 미국 망명을 치밀하게 계획했던 것으로 드러났다. 김형욱은 중앙정보부장으로 있으면서 언젠가 해임될 때를 대비해서 미국 뉴저지 주에 당시 시가로 27만 달러짜리 고급 저택을 마련하고, 부인과 두 아들과 딸을 먼저 미국으로 보내놓았다.

만반의 준비를 끝낸 뒤 기회를 노리던 김형욱에게 절호의 기회가 찾아왔다. 1973년 4월 15일에 대만의 학술원에서 명예박사 학위를 받기로 되어 있었는데, 이를 이유로 슬그머니 김포공항을 빠져나간 뒤 그 길로 망명길에 올랐다.

김형욱은 공화당의 전국구의원 5번으로 국회의원이 되었다. 그러나 박정희가 언제 어떤 방법으로 자신의 목을 칠지 모른다는 불안감에 떨었다. 그 누구보다 박정희 권력의 생리를 잘 알았기 때문이다.

김형욱이 얼마나 많은 돈을 해외로 빼돌렸는지는 여전히 밝혀진 바가 없다. 그러나 미 하원 프레이저위원회가 나중에 조사한 바에 따르면, 그의 재산 규모는 1,500만~2,000만 달러에 이르는 것으로 밝혀졌다. 뉴욕은행에 450만 달러가 정기예금으로 예치되어 있었고, 스위스은행에도 중앙정보부장으로 재직하면서 거액을 맡겨두었던 것으로 알려졌다.

미국에 도착한 김형욱은 초기 2년여 동안은 외부와 담을 쌓고 지냈다. 그가 즐긴 소일거리는 라스베이거스나 파리의 카지노 출입과 골프, 그리고 가족끼리의 세계 여행이 전부였다.

그러던 김형욱이 1976년 초부터는 칩거 생활을 끝내고 미국 하원 외교위원회 국제관계소위원회에 박정희 정권의 비리, 즉 박동선 사건의 내막을 알리는가 하면, 미 의회의 청문회에 나서거나 미국과 일본의 유력한 매스컴과 회견하는 등 적극적인 반박정희 활동을 벌였다.

적극적으로 활동하던 김형욱은 1979년 10월 초에 파리에서 의문의 실종사건으로 갑자기 자취를 감추고 말았다. 그의 실종사건은 지금까지 하나의 미스터리로 남아 있다. 한국 정보부 요원에 의해 현지에서 암살되거나 강제 납치·살해되었다는 등의 의혹만 난무할 뿐이다.

김형욱이 망명할 즈음에 한국을 떠나 미국에 망명한 정부 주요 인사는 김형욱뿐만이 아니었다. 먼저, 1976년 11월 24일, 주미 한국 대사관의 참사관 김상근이 미국으로 망명한다. 그는 5·16 직후인 1961년 7월에 중앙정보부에 들어가 김형욱 부장의 비서관으로 일한 적도 있었다. 김상근은 1970년에 일등서기관의 직함을 갖고 주미대사관에서 일하기 시작해, 1976년에 참사관으로 승진했다.

김상근이 미국에서 맡은 임무는 교민들의 반정부적 활동을 봉쇄하고, 유신을 지지하도록 유도하는 일이었다. 그는 특히 1975년 8월부터 한국 정부로부터 '백설작전'이라는 비밀임무를 부여받는다. 이 작전은 미국 내 영향력 있는 언론인이나 학자들을 포섭하여 박정희 지지로 여론을 유도하는 임무였다. 그러나 유신체제의 인권탄압과 부패 문제 등으로 미국의 여론이 극도로 좋지 않을 때였기 때문에 김상근의 임무는 실패할 수밖에 없었고, 한국 정부는 그를 소환하기에 이르렀다.

본국 정부의 소환명령을 받은 그는 정치적 보복이 두려워 미국 FBI에 망명을 신청하게 된다. FBI로부터 보호와 생활비를 받으면서 지내다가, 1977년 10월에는 미 하원 윤리위원회에 나타나 '백설작전'의 진상을 폭로하고 박정희 정권의 치부를 들추어내는 등 반정부활동을 벌였다.

1977년 9월 16일에는 뉴욕 총영사관 손호영 참사가 미국에 정치적 망명을 신청한다. 손호영의 공식 직함은 뉴욕 총영사관 참사관이지만 실제 신분은 뉴욕지구 KCIA 책임자였다. 그는 한국 정부로부터 김형욱을 귀국시키거나 최소한 미 의회 증언을 막도록 하라는 임무를 받았다.

그러나 김형욱의 반정부활동은 더욱 활발해졌고, 손호영은 귀국명령을 받았다. 김상근처럼 귀국 후의 엄중한 문책이 두려워 FBI 요원들에게 망명신청을 한다. 그리고 망명에 대한 대가이자 선물로 「1976년 대미공작 계획서」라는 한국 정부의 비밀 대미 로비활동 계획서를 프레이저위원회에 넘겨주었다.

주미 공보관장 이재현은 이들보다 앞선 1973년 6월에 미국에 망명신청을 한다. 1970년부터 주미 공보관장직을 맡고 있던 이재현은 재직 중에 유신을 맞아 한국 정부로부터 유신체제를 적극 홍보하라는 훈령을 받았다. 이 훈령은 독재체제인 유신이 지지를 받을 수 있도록 일반 외교관의 활동영역을 넘어서는 각종 불법공작을 벌이라는 내용도 포함되었다.

가뜩이나 미국 사회에서 인기 없는 유신체제를 홍보하고, 여기에다 불법공작 임무까지 부여받은 이재현은 한국 정부의 공작 지시에 소극적인 태도를 보였다. 이에 따라 그의 행동은 감시를 받았고, 언제 소환될지 모른다는 의심을 품게 되어 결국 망명을 택하기에 이르렀다.

미국에 정치 망명을 택한 이재현은 일리노이 대학에서 준교수로 재직하면서 비교적 조용히 지내다가 1977년 10월에 미 하원 윤리위원회 청문회에 나가 의회 의원 매수 공작 등 불법 로비활동 사실을 증언하는 등 반정부활동에 나섰다.

1970년대 중반 미주 지역의 한국 공관은 잇따른 공관원 망명 사건으로 긴장감이 팽배했다. 이재현·김상근·손호영보다 앞서서 1973년 5월에는 주미 공보관 직원 한혁훈이 유신쿠데타에 반대의사를 밝히고 사표를 제출한 뒤 미국에 영주권을 신청하기도 했다.

또 1973년부터 1975년까지 주미 공보관에 근무한 김성한은 한국 정부의 마닐라 전근발령에 반발해, 가족과 함께 미국에 영주권을 신청했다. 김성한은 사직한 뒤 반정부활동을 벌였다.

뉴욕대표부 지역책임자 이영인은 1977년에 귀국명령을 받고 미국에 영주권을 신청하고, 캐나다 주재 한국대사관 양영만 영사는 1978년에 한국 정부로부터 캐나다 지역의 반정부적 교민 활동에 강경하게 대응하라는 훈령을 받고 이를 거부한 뒤, 망명을 선택했다.

유신체제는 이처럼 국내 못지않게 국외에 있는 주요 공직자들 사이에서도 크게 반감을 불러일으키고 있었다. 유신체제의 몰락은 이미 외부에서 유신의 심장을 조여오고 있었는지도 모른다.

박정희 정권의 매수 공작, '코리아게이트 사건'

박정희가 유신정권을 유지하면서 가장 두려워한 것은 미국이었다. 학생들과 재야의 저항은 긴급조치와 용공사건 조작으로 그때마다 미봉할 수 있었으나 미국의 경우는 달랐다.

그동안은 미국의 아킬레스건과 같은 한국군의 베트남 파병을 통해 일정한 발언권을 행사할 수 있었지만 남베트남의 패망 후에는 그런 카드도 없어졌다. 그래서 택한 것이 재미실업가(KCIA 공작원) 박동선 등을 통해 미 의회의 반한 의원들을 상대로 하는 로비였다. 그동안 국내에서 해왔던 공작정치의 일환이었다. 거액의 비자금은 재벌들로부터 거둔 이른바 '통치자금'과 중앙정보부의 공작금이었다. 연간 50만~100만 달러 상당의 뇌물로 수십 명의 미 의원 및 공직자를 매수했다고 《워싱턴 포스트》(1976년 10월 24일 자)가 폭로했다.

이 신문은 FBI와 연방 대심원이 수수께끼의 한국인 박동선이라는 40살 된 실업가와 한국계 공작원이 미 의회 의원 20명 이상에게 거액의 금품을 제공한 사실을 조사 중이라고 보도했다. 박동선은 워싱턴에 거주했다. 1면 톱기사로 "한국 정부, 미국 관리들에게 수백만 달러를 뇌물로 제공"이라는 전단 제목 아래 기사를 실었다. 이른바 코리아게이트 사건의 시발이다. 이 신문은 연 3일 동안 톱기사로 박정희 정부의 매수사건을 보도하고, 다른 언론들도 추악한 코리아게이트 사건을 잇달아 실었다. 사설로 싣는 등 비중 있게 다루기도 했다.

한국이 수년 동안에 걸쳐 연간 백만 달러에 달하는 자금을 사용하여, 미 의회 의원과 정부 고관들의 호의를 사려고 했던 공작 계획은 한국의 대통령 자신이 참석한 회의에서 마련되었다고 한다. 그 자금은 "평화를 위한 식량"을 한국에 공급하는 미국의 쌀 판매업자들로부터 거둬들인 커미션으로 충당되었던 것 같다. 외교·정치적인 충격파는 이제 막 번져가기 시작한 단계이다.

60년대 말에 미국이 베트남이라고 하는 아시아 대륙의 전선 기지로부터 철수하려는 움직임을 보고 한국이 같은 아시아의 전선 기지인 한국으로부터도 미국이 철수하려는 것이 아닌가 하고 의심했던 것은 틀림없는 사실인 것 같다. 한국이 뇌물이나 그 밖에 은혜를 베풀어서 미국에 어떤 '보험'을 걸려고 했던 일은 상상할 수 있다. 그러나 그 수법은 결코 용인될 수 없다.

이러한 수법 자체가 두 나라 우호 관계의 참된 기초가 되는 이상과 자존심을 부패시키는 것이다. 자기 나라의 국민을 억압하는 데 그치지 않고 미국의 공직자마저 매수하려고 하는 나라를 우리는 왜 지원하지 않으면 안 되는지 미국 국민들은 반문할 것이다.[3]

미국 언론이 온통 박정희 정부의 비리를 폭로하는 등 야단법석인데도 국내 언론에서는 감감무소식이었다. 정부가 언론을 통제했기 때문이다. 《볼티모어 선》에도 다음과 같은 사설이 실렸다.

외국 정부가 룰에 따라 미국 내에서 로비활동을 하는 것은 물론 적법한 일이다. 하지만 미국인의 피와 돈을 희생으로 하여 지켜진 한국 때문에 지금 이 룰이 깨어지고 있다는 사실은 정치적 입장에 관계 없이 모든 미국인을 괴롭히고 있다.

중앙정보부와 워싱턴을 발판으로 한 실업가 박동선 씨 및 통일교회의 문선명 씨 간에 얽혀 있는 비밀스러운 연관 관계는 밝혀져야 한다.

북한의 외교관들이 마약 밀수와 면세품인 술·담배를 밀매하여 스칸디나비아 4국으로부터 추방되었다고 전해진다. 두 개의 한국 어느 쪽을 지지하건 서구 국민은 자기 나라 안에 부패가 반입되는 것을 바라지 않고 있다. 그리고 이들 두 정부가 한민족의 문화와 민중을 대표하는 것으로 혼동하지는 않고 있다.[4]

김형욱, 박정희 비리 폭로하다

김형욱이 미국에 망명하여 외신에 폭로하거나 미 하원 국제관계소위원회에서 증언한 박정희(정권)의 비리·비행·부정은 어마어마했다. 주요 내용을 간추려 소개하면 다음과 같다.

△ 박동선은 정보부의 주요 공작원이었다. 1964년 당시의 주미대사 정일권이 박을 박정희 대통령에게 소개했으며, 이후 박은 이후락의 지령을 받아 미국 내의 공작을 맡았다. 처음에는 눈에 띄는 성과를 올리지 못했으나 주한미군 철수론이 나온 1970년 미 의회를 상대로 매수 회유하라는 특별지령이 나간 뒤로 박동선은 중용되었다. 여기에 필요한 공작금은 한국이 미국으로부터 수입하는 쌀 대금 가운데서 떨어지는 수수료로 충당되었다.

△ 통일교회 간부인 박보희는 정보부와 밀접한 관계에 있었으며, 정보부는 그를 접점으로 하여 통일교회를 움직여왔다(이상 1977년 6월 5일 자 《뉴욕 타임스》 회견).

△ 한국에 투자하려는 외국 기업은 수수료, 리베이트, 혹은 정치헌금이라는 명목으로 총투자액의 5%를 강제적으로 징수당했다. 이 돈은 박정희가 스위스은행에 개설한 비밀구좌에 입금되고 박정희가 스위스

은행에 개설한 비밀구좌에서 대외활동자금 등으로 사용되었다(1977년
6월 6일 자 《워싱턴 포스트》 회견)

△ 박 대통령이 가장 두려워했던 두 개의 세력은 1971년 대통령 선거
때의 상대 후보와 미국 의회였다. 박 대통령은 김대중 문제를 유괴
로, 미 의회에 대해서는 '박동선에 의한 매수작전'에 의하여 영향력을
행사하려 했다.

△ 박 대통령의 김대중에 대한 감정은 심한 열등감에 기초를 둔 증오를
가까운 것이었다. 공화당 정권은 선거법 위반의 혐의를 날조하여 김
을 기소했고, 1973년 8월에는 동경에서 김을 유괴하였다. 유괴작전
의 지휘관은 당시의 이후락 정보부장이었다. 박 대통령이 직접 이 작
전을 지휘했다는 증거를 갖고 있지는 않으나, 이 같은 중대한 계획이
대통령의 허락 없이 감행되었다고는 생각할 수 없다.

△ 독재체제를 확립한 박 대통령은 미국이 어떤 태도로 나올 것인지에
괘념하고 있었다. 그는 미 행정부와 의회의 반대가 자기의 독재정치
에 큰 영향을 끼치리라는 사실을 잘 알고 있었다. 이 반대를 억제하
기 위하여 박동선 스캔들이 실행에 옮겨진 것이다.

△ 당시의 중앙정보부는 미국의 중앙정보부CIA와 연방수사부FBI의 두
비밀수사기관을 합친 것과 같은 것을 만들려는 의도에서 설립된 것
이다. 나는 1963년부터 1969년까지 6년 8개월간 가장 장기간 부장으
로 근무한 사람이다. 내가 부장 때에는 미국에는 5인의 정식요원을
주재시켰는데, 워싱턴에 2인, 유엔주재 대표부에 2인, 로스앤젤레스
에 1인이었다.

그러나 내가 미국에 망명한 1973년 이후 그 권한은 강화되어 현재

내가 알고 있는 한 워싱턴에 12인, 뉴욕의 유엔 대표부에 4인, 그 밖에 로스앤젤레스를 포함하는 미국 각지에 9인, 도합 25인이 있다(이상 1977년 6월 22일 미 하원 국제관계소위에서 증언).

△ 서울 지하철 건설은 프랑스와 일본이 경합했었다. 일본 측은 기시岸
信介 전 수상과 야스기矢次一夫 씨가 박 대통령에게 직접 요청함으로써
공사는 미쓰비시상사에 맡겨지고, 당시 주일대사였던 이후락 씨가
한일 간의 파이프 역을 했다. 미쓰비시상사로부터 리베이트가 기시
와 이후락 양쪽으로 건너갔으며, 그만큼 서울지하철 공사비는 비싸
게 치렀다(1977년 7월 17일, 교토통신과 회견).

△ 박 정권과 일본 자민당 간의 '검은 채널'은 김성곤(전 공화당 재정위원장),
이후락, 이병희(전 무임소장관) 등이 그 역을 맡았다. 이병희로부터 자민
당의 세이란까이靑嵐會 멤버에게 선거자금 형식으로 비밀헌금이 여러
번 흘러갔다. 상사관계의 일본 측 창구는 기시 노부스케와 야쓰기 가
즈오 두 사람이었다. 미쓰비시, 미쓰이, 이또쭈, 마루베니 등이 한국
측에 거액의 리베이트를 보낸 사실을 알고 있다(1977년 7월 16일 《마이니치
신문》과의 회견).[5]

박정희는 김형욱의 폭로와 폭탄선언에 속수무책이었다. 그의 입
을 막고자 여러 가지 방법이 동원되었으나 모두 허사였다. 김형욱
이 파리에서 실종되는 사건이 벌어진 것은 그로부터 얼마 뒤였다.

박정희 대통령은 김형욱을 한국 땅으로 다시 끌고 오기 위해 끈
질기게 노력했다. 멕시코나 브라질의 대사직 또는 다른 요직을 내
걸고 귀국을 권유했다. 김형욱이 미국으로 건너간 뒤로부터 1979년

10월에 파리의 카지노에서 영구 실종될 때까지 정부는 김종필·정일권·백두진·홍종철·민병권·김동조 등을 연달아 김형욱에게 보내 귀국을 종용했다. 심지어는 이철승·박병배·고흥문·노진환 등 야당계 인사들도 그를 찾아가 귀국을 권유했다. 그러나 김형욱은 국내의 이와 같이 애타는 호소를 모조리 거절했다.[6]

『프레이저 보고서』에 나타난 박정희 정권의 실태

미 의회(하원) 국제관계위원회 산하 국제기구소위원회(위원장 도널드 M. 프레이저)는 1978년 장문의 『프레이저 보고서』를 작성하여 의회와 행정부에 보고했다. 이 보고서는 박동선 사건을 비롯하여 한국 중앙정보부·박정희 대통령·경제단체·통일교단 등을 중심으로 상세히 조사했다. 먼저, '보고서' 내용 중 유신체제에서 벌어진 박정희의 폭압적 권력행사의 사례를 살펴보자.

① 수많은 학생·지식인·종교 지도자(지학순 주교를 포함하여)가 체포되어, 유신체제 비판이 박의 1974년 긴급조치를 위반했다고 하여 징역을 언도받았다.

② 1974년 박 정권을, 장기집권을 위하여 남북대화를 조작한 억압적 독재자로서 비판하는 선언문을 채택한 민주청년학생연합과의 어떠한 접촉을 금지한 긴급조치 중 하나에 의해 14명의 인사가 사형선고를 받았다.

③ 1974년 말, 민주주의를 회복하려는 운동을 보도해오던 동아일보가

중앙정보부의 압력에 의해 모든 광고를 박탈당했다. 당분간 신문은 발행부수 증가와 언론자유를 지지하는 많은 소규모 익명의 광고 게재인들을 통해서 대중에 의해 유지되었다. 캠페인은 1975년 3월 경영진이 정부압력에 결국 굴복할 때까지 계속되었다.

④ 1975년 초 석방된 시인 김지하는 정부를 비판하고 '인민혁명당'은 정부 조작이라고 주장하는 기사를 동아일보에 실었다고 하여 다시 체포되었다. 재판과정에서 김의 종신형이 재언도되었고, 유죄 판결로 그는 7년의 형을 더 선고받았다. 1978년까지도 그는 여전히 감옥에 있었다.

⑤ 1975년 형법 개정으로 해외에서 혹은 국내의 외국인에게 한국을 비방하거나 공공복지에 해를 끼치는 발언 또는 행동을 하는 한국 시민에게 7년 징역형까지 선고할 수 있게 되었다.

⑥ 1975년 5월 박 대통령은 긴급조치 9호를 발했다. 이는 긴급조치 중에서 가장 철저한 것으로 1978년까지도 여전히 유효했다. 유언비어의 유포, 헌법의 비판, 학생의 정치활동, 법률에 위배되는 활동의 보도를 금하는 이 긴급조치하에서 실제로 항의사건의 수가 격감되었다.

⑦ 1976년 18명의 저명한 정계·학계·종교계 지도자들이―김대중과 윤보선을 포함하여―재판에 회부되어 민주주의의 평화적 회복을 요구하는 선언문에 서명했다고 하여 유죄를 선고받았다. 대부분이 정치적 권익과 시민권의 박탈과 함께 석방되었지만 김대중은 1978년 10월에도 여전히 수감되어 있었다.

⑧ 1978년 7월 박 대통령은 단독으로 출마하여 통일주체국민회의에 의해 6년 임기에 만장일치로 당선되었다.[7]

미 의회 청문회에서 국가적 망신

박정희 정권은 엄청난 물량을 동원하여 미 의회와 행정부에 전방위적인 매수공작을 했다. 미국 사회는 로비가 합법적이지만, 한국 정부의 행태는 로비 수준을 넘어선 매수공작이었다. 『프레이저 보고서』에서 언급된 몇 부분을 인용하면 다음과 같다.

△ 워싱턴의 로비활동에 대한 책임을 맡고 있는 서울의 정부 관리들 중에는 국무총리 정일권, 중앙정보부장 이후락, 그리고 대통령 경호실장 박종규가 포함되어 있었다. 각각의 로비활동은 때때로 상호경쟁적이었다.

일반적으로 그들은 의원들, 학자들, 사업가 그리고 잠재적으로 영향력 있는 인사들을 이용, 종종 자금을 주고 한국을 방문하도록 하였다. 워싱턴에서는 한국 중정KCIA의 도움으로 설립된 박동선의 조지타운클럽이 한국 정부를 위한 로비활동의 중심이 되었다.

△ 1974년 서울에서 대통령경호실장 박종규는 1만 달러가 들어 있는 봉투를 닉슨 대통령 보좌관인 나이데커John Nidecker에게 전달했다. 필립 하비브 미 대사는 그 돈을 나이데커의 요청에 따라 되돌려 주었다. 몇 달 후 한국 국회의원인 노진환은 나이데커에게 백악관이 지명한 후보자들의 의회 선거운동을 도와주겠다고 제안했으나 나이데커는 거절했다.[8]

다음은 『프레이저 보고서』에서 한국 중앙정보부의 '정보활동과 계획들'이라는 부분에 기록된 내용이다.

(1) 한국 중정은 미국에서 영향력 행사 활동을, 박 대통령이 지지하는 것과 발맞추어 문서나 비밀문서의 형식을 통해 활동계획을 아래와 같이 수립했다.

① 한국 정부의 정책을 옹호하는 미국인들의 충원, 특히 의원·학자·언론인·사업가 그리고 성직자.

② 영향력 있는 미국인의 한국 방문.

③ 주로 비밀요원들을 재미在美 한국인 사회에 침투시켜 한국인들 사이에서 일어나는 박 정권에 대한 비판에 대응하는 것.

④ 미국의 재정지원에 의한 미곡 거래로부터 취득되는 중개료를 한국 중정의 활동비로 사용하는 것.

⑤ 미국에서 이루어지는 북한의 활동을 방해하고 반격하는 것.

⑥ 관료들과의 교제를 통해 미 정부의 기밀정보를 획득하는 것.

(2) 한국 중정은 그들의 공식 직원보다도 공식 직원이 아닌 다른 사람들을 이용해서 그들의 인력을 증가시키려고 했다.[9]

박정희는 영구집권을 목적으로 유신체제를 감행하고 이에 저항하는 민주인사들을 가혹하게 탄압했다. 인권탄압은 미국 등 국제사회의 비판에 직면하고 이를 무마하고자 매수공작을 자행하다가 탄로 나고, 미 의회의 청문회에서 국가적 망신을 당하게 되었다. 이로써 미국 정부는 동북아의 반공 보루로 지원해온 박정희에 대한 신뢰를 거두기 시작했다.

온건 노선으로 시국 대처

김재규는 부장에 취임하여 비교적 온건 노선으로 중정을 운영했다. 그동안 정보부가 해온 행위를 잘 알고 있기 때문에 이미지 쇄신이 필요했고, 불교도인 그는 극렬주의자도 아니었다. 또 박정희가 밀어붙이는 강경노선이 지속되다가는 자칫 국가적인 파국에 직면하게 될지 모른다고 우려했을 것이다.

그의 중정부장 재직 시는 내외적으로 유신의 억압체제가 스스로의 하중 荷重을 견디지 못해 삐거덕거리던 때였다. 체제의 유지는 긴급조치 9호 등 억압조치에 의해서만 가능했다. 그를 중정부장으로 임명한 박 대통령의 의도가 무엇이었는지, 어떤 면을 보고 임명했는지 알 길은 없으나, 김재규 취임 이후 일련의 유화 제스처가 나타났다.

1979년 1월 시인 김지하의 면회 허용, 김철 통일사회당 고문의 석방 (3월 31일), 민주구국헌장 지지서명운동 관련자들의 석방(5월 10일), 긴급조치 9호 위반 복역수 중 신부, 목사, 학생 등 14명의 석방(7월 17일), 시인 고은의 석방(10월 29일), 민주구국선언 관련자 11명의 석방(12월 31일) 등이 그것이다.

물론 이런 조치에 김재규의 역할이 어느 정도 미쳤는지는 알 길이 없다. 그러나 전혀 관련이 없다고 보기는 어려울 것 같다. 그는 가족들에게 "다른 정보부장들이 사람을 잡아들이는 부장이었다면, 나는 놓아주는 부장"이라고 자부했다고 한다.[10]

'교육지표 사건'으로 중앙정보부에 끌려갔던 송기숙 전남대 국문과 교수도 김재규의 온건 노선의 혜택을 받은 사람 중 한 사람이다. 그의 이야기를 들어보자.

서슬 퍼런 긴급조치 9호로 재야 활동이 극히 위축됐던 유신 말기에 중앙정보부에 끌려갔던 지식인들은 김재규 부장의 온건 노선을 감지할 수 있었다고 말했다. 송기숙 전남대 국문과 교수는 1978년도에 소위 '교육지표 사건'에 연루돼 동료 교수 11명과 함께 남산의 중앙정보부에 끌려갔다. 송기숙 교수는 "죽을 고문을 당할 각오를 했는데, 수사관이 상부 지시라며 의외로 부드럽게 조서를 받더니 그냥 풀어줬다"고 말했다. 송교수는 한동안 그 사실이 믿겨지지 않았으나 10·26이 나자 "아하 싶었다"고 말했다.[11]

김재규의 손위 동서로 당시 중정의 일본 책임자(대외 직함은 주일공사)였으나 10·26 직후 미국으로 피신했던 최세현은 다음과 같이 증언했다.

김재규의 거사는 우발적인 것인가 계획적인 것인가, 단정할 순 없지만 다분히 계획적이었다. 한 가지 생각나는 것은 78년 내가 고려대 교수로 있을 때 김상협 씨, 김재규, 나 셋이서 점심을 먹던 자리였다. 김상협 씨와 내가 구속한 학생들 좀 석방하라고 했더니 김재규가 하는 말이 비장한 표정으로 "조금만 기다려라"라고 했다. 조금만이라는 게 일주일이 될 수도 있고 일 년이 될 수도 있는 것인데 그때 벌써 김재규는 자기 나름

대로의 계획이 있었다고 본다.[12]

유신체제 반대운동에 천주교 신부들이 많이 참여했다. 윤형중 신부와 지학순 주교가 1977년 3월 22일 「민주구국선언」을 발표하고 구속되었다. 천주교의 반발이 거세게 전개되고 김수환 추기경이 김재규 부장의 면담 의사를 전해왔다.

김수환 추기경은 두 신부의 석방을 위해 김재규 중앙정보부장을 방문하고 싶다는 의사를 전해왔다. 당시 정보부장 정도의 직위라면 추기경의 방문을 받을 수 있겠으나, 겸손했던 김재규 부장은 예의상 자기가 방문하는 것이 옳다며 김수환 추기경을 예방하고 시국 전반에 대하여 수습책을 의논했다. 그 후에도 김재규 부장은 김수환 추기경을 몇 차례 만나면서 구속 신부들을 석방하고, 오히려 김 추기경을 통하여 박정희 대통령에게 긴급조치를 해제토록 건의해줄 것을 부탁하기도 했다.[13]

김재규는 3·1 구국선언 사건으로 군사재판에서 실형을 선고받고 진주교도소에 복역 중이던 전 신민당 대통령 후보 김대중을 서울대병원으로 이송하여 치료를 받도록 박정희 대통령에게 건의한 것으로 알려진다. 또 김상협 고려대 총장의 방문을 받았으며, 박찬현 문교부 장관을 만나 제적 학생들을 복적시키고 구속 학생들을 석방하자는 뜻을 은밀히 건네기도 했다고 한다.

7

박정희의 권력욕망에 맞서

중앙정보부가 총선 개입 않자 이변 속출

1970년대 후반, 박정희의 유신체제는 제어장치가 고장 난 열차의 모습이었다. 박정희 대통령의 주변, 그러니까 청와대나 공화당, 유정회는 물론 정부의 각급 기관은 박정희가 운전하는 전동차의 객차일 뿐, 누구 하나 나서서 기차를 세우거나 올바른 길로 돌리려는 사람이 없었다.

5·16 쿠데타 이후 이미 17~18년 차의 1인 집권기에 접어들면서 박정희 정권은 더욱 안하무인이고, 절제를 몰랐다. 주변에는 기회주의 충성분자들로 가득 차고, 권력 주위에는 강경론자들이 포진했다. 그런 상황에서 김재규의 온건 노선은 점점 설 자리를 찾기 어려웠다. 경호실장 차지철은 드러내놓고 김재규를 질시·견제하고, 대통령에게 접근하는 것을 봉쇄했다.

1978년 말에는 두 가지 큰 정치행사가 예정되어 있었다. 12월의 국회의원 선거와 대통령 선거였다. 대통령 선거는 통일주체국민회의 대의원들에 의해 체육관에서 한두 명 들러리 세워놓고 형식상 치르면 되었지만, 문제는 국회의원 선거였다. 이론적으로는 3분의

1 의석을 대통령이 지명하고, 1구 2인의 중선거구제여서, 공화당과 유정회가 3분의 2 의석을 차지하는 것은 식은 죽 먹기나 다름이 없었다. 그런데 총선에서 이변이 벌어졌다.

1972년 대통령 선거와 1978년 대통령 선거는 국민들의 실질적인 참여가 없는 가운데 박정희를 대통령으로 추대하였다. 국회의원 선거는 2명의 동반 당선을 보장한 중선거구제인 데다가 3분의 1은 대통령이 임명하게 함으로써 국회는 더 이상 민의를 반영할 수 없게 된 것처럼 보였다.

그러나 또 한 번의 대역전극이 선거를 통해 연출되었다. 1978년 12월 12일에, 유신체제가 들어선 이래 두 번째 국회의원 선거가 실시되었는데, 놀랍게도 이 선거에서 야당인 신민당이 여당인 공화당보다 1.1퍼센트 더 많이 득표하였다. 이것은 유신체제가 국민들의 지지를 잃었다는 징표로 이해되었다. 이에 용기를 얻은 야당과 '민주세력'들의 반유신 투쟁이 강화되어, 1979년 부마항쟁으로 전개되었다. 12·12 사건 후 기울기 시작한 유신독재 권력은 결국 궁정동 사건으로 몰락하였다.[1]

잘못된 선거제도로 당선자를 신민당이 3분의 1 의석도 차지하지 못했으나 득표율에서는 공화당을 1.1% 앞선 것이다. 유신체제와 긴급조치에 짓눌려왔던 국민이 분명한 목소리를 낸 결과였다. 김재규는 취임 이래 정치 쪽에는 일정한 선을 그어왔다. 국회의원 선거에서도 그랬다. 정보기관이나 검·경과 같은 '수직상'의 체계가 엄격한 권력기관은 수장의 성향에 따라 풍향이 달라진다. 그의 온건 노선은 곳곳에서 감지되었다.

예컨대 78년 12·12 총선에선 야당인 신민당이 집권당인 공화당에 비해 득표율에서 1.1%를 앞섰다. 이때 그는 "유정회가 있는데 굳이 부정선거를 할 필요가 없다"고 건의, 이 선거에서 행정기관은 공화당에서 매정하게 생각할 정도로 중립을 지켰다고 한다. 더욱이 그는 79년 신민당 5·30 전당대회 때도 '중도통합론'의 이철승 씨 대신 '선명야당론'의 김영삼 씨를 측면지원했던 것으로 알려진다. 5월 29일 밤 당시 연금 중인 김대중 씨의 활동을 방임, 그가 김영삼 측 단합대회에 참석게 함으로써 김영삼 열풍을 일으켜 그 이튿날 전당대회장으로 연결시켰던 것이다.

또한 이 무렵 김재규는 체제의 변화를 위해 박정희에게 간언을 거듭했다고 한다. 예컨대 77년 6월 박정희에게 "직선제에서 단독으로 출마하셔도 당선될 수 있습니다"며 직선제를 건의했고, 79년 7월과 8월 "긴급조치 9호는 칼이 너무 녹슬고 무디어졌습니다. 시퍼런 칼을 주십시오"라는 말로 9호의 독소조항을 없애고 규제범위를 훨씬 줄인 10호를 건의했으나 박정희는 이를 받아들이지 않았다는 것이다. 게다가 김재규가 보고를 한 다음에 대통령에게 보고를 하는 사람은 꾸지람을 듣게 된다는 말이 나올 만큼 김재규의 보고는 대통령의 심기를 불편하게 했다.[2]

독재자에게 온건론은 '불충'으로, 강경론은 '유능'이자 '충성'으로 받아들여진다. 이승만 곁에서 김창룡이 설쳤듯이 박정희 주변에는 차지철이 2인자 행세를 톡톡히 했다.

총선에서 신민당의 1.1% 승리는 정국에 큰 변수로 작용했다. 먼저, 야당 의원들이 긴급조치의 오랜 무력증에서 벗어나게 하는 계기가 되었다.

1979년 5월 30일로 예정된 신민당의 정기전당대회는 국민적인 관심사로 떠올랐다. 그동안 박정희는 이철승 신민당 체제를 비호해 왔다. 재야와 학생들은 어용야당, 사쿠라 당수라고 야유하고, 당내에서도 선명 노선을 바라는 분위기가 높아졌다. 뒷날 드러나지만, 차지철은 이철승을 밀었으나 중정은 과거와는 달리 야당의 전당대회를 방치했다. 그래선지 이변이 일어났다. 김영삼이 이철승을 누르고 총재에 당선되었다.

신민당의 김영삼체제 출범은 정계의 폭풍을 예고했다. 박정희 정권은 김영삼체제가 등장하자 새로운 공작을 개시했다. 먼저, 김영삼이 취임 후 처음으로 가진 6월 11일의 외신기자클럽 초청 연설에서 남북한의 긴장 완화를 위해 '김일성과 면담용의'를 표명하자, 북한이 김일성의 이름으로 환영담화를 냈는데, 박정희 정권은 이것을 빌미로 삼았다. 김영삼의 이 발언과 관련하여 상이군경과 반공청년을 자처하는 사람들이 마포 신민당 당사에 난입하여 당원들을 폭행하는가 하면, 여당에서도 발언 취소를 요구하는 등 이 사건은 정치 문제로 비화되었다.

다른 하나는 신민당의 일부 비주류 측이 몇 사람의 당원자격에 대한 유권해석을 질의한 데 대해 중앙선관위가 국회의원 선거권이 없는 자는 정당의 당원이 될 자격이 없고, 선거법으로 금고 이상의 형을 선고받고 그 집행이 종료된 후 6년이 경과하지 아니한 자는 국회의원 선거권이 없다고 유권 해석하여 정계에 새로운 불씨가 되었다.

'실세 부통령' 차지철의 독행

국회의원 선거와 신민당 사태 이후 차지철의 위세는 더욱 강화되었다. 차지철은 두 사건이 모두 김재규의 중정이 무능해서 일어났다고 보고했다. 그런 뒤 대통령이 이를 믿는 것 같으니까, 심중을 헤아린 차지철은 앞뒤 가리지 않고 설쳤다. 그럼, 이처럼 차지철이 실세 부통령이라는 세간의 '작위'를 받게 된 배경은 무엇일까?

차지철이 정치에 본격적으로 관여하기 시작한 것은 1978년 말께부터였다. 10년간 대통령비서실장을 역임한 김정렴이 주일대사로 전임되고, 주중대사로 있던 김계원이 1978년 12월에 신임 비서실장으로 들어올 무렵부터였다.

신임 김 실장은 육참총장, 중앙정보부장 등 요직을 거쳤지만, 8년간의 주중대사 생활을 계속하다 78년 9월 귀국한 관계로 국내 물정에는 지극히 어두운 편이었다. 46년 연전상과延專商科를 졸업한 그는 성격적으로도 정치와는 거리가 멀었다.

그러나 그 자리는 절대권력자와 가장 가까이 있다는 사실만으로도 정치성이 물씬 풍길 수밖에 없는 자리였다. 만일 그 자리에서 충분한 역할을 제대로 못 해낼 경우 누군가가 그 역할과 기능을 대신해주어야 하는데 차지철이 이 간극을 메운 것이다. 그는 4선 의원에 외무·내무위원장까지 역임, 정치의 경험과 관록을 이미 10여 년간 쌓은 바 있다. 그가 국회의원이었을 때도 대통령과 관련된 어떤 역할을 할 때는 이를 은근한 방법으로 언론기관에 흘리곤 했다.[3]

차지철은 성격상으로나 경력으로 보나 김재규가 상대하기 버거운 존재였다. 차지철은 청와대경호실장이 되어 자신의 위관 계급에 콤플렉스를 갖고, 예비역 장성 출신을 수하에 두는 등 상식과는 동떨어진 일을 서슴지 않았다. 박정희의 신임이 두터워질수록 그의 독행은 더욱 심해지고, 사사건건 김재규와 부딪치게 되었다.

이 같은 상황에서 김재규는 일방적으로 몰리고만 있지 않았다. "김재규는 그 나름대로 강경책을 건의해서 대통령의 신임을 얻으려 했다. 부마사태 직후 그는 종교법안(가칭)을 성안, 종교인의 정치활동을 규제해보려고 했던 것도 하나의 사례라고 하겠다. 그 내용은 무리가 많아 시행하기 어려운 것이었다는 게 당시 이 법안의 사전심사에 참여했던 한태연(헌법학회 회장, 당시 유정회 정책위원장)의 회고다."[4]

10·26 직전 모 기관에서 공화·유정 간부들을 오라고 해서 가보니 아무 말도 없이 유인물을 돌렸다. 내용을 보니 종교법안이었다. 유럽의 모든 종교법안은 국가로부터 교회 재산을 보호하기 위한 것이 그 목적인데, 내용을 들춰보니 예배 볼 때 정치 이야기를 하면 잡아넣도록 돼 있는 것이 그 골자였다.

그래서 그대로 넘어가면 큰일 날 것 같아 말문을 열었다. "여러 어른들 계신데 먼저 얘기를 꺼내 안됐습니다만, 이 법안은 안 됩니다. 종교법안이란 독일이나 프랑스를 막론하고 종교 재산을 보호하기 위해서 만들었던 것이지, 종교인의 정치활동을 규제하려 만든 건 아니었습니다. 많은 종교인들이 반체제라고 하지만, 사일런트 머조리티(침묵의 다수)는 오히려 정부 지지하는 사람들인데, 이 법안이 나가면 그런 사람들까지 모두 반정부로 돌아서도록 만들게 됩니다. 그러니 이 법안은 보류해야 합니다"라고 문제점을 지적했다. 이 자리에 함께 참석했던 박준규 공화당 의장서리와 태완선 유정회 의장도 덩달아 반론을 제기했다. 그랬더니 김재규는 선뜻 "그러면 안 되겠습니다. 각하께 이건 안 되겠다고 보고하겠습니다"라고 철회의 뜻을 밝힌 일이 있다.[5]

한태연은 갈봉근 교수, 김기춘 검사 등과 궁정동 안가에서 유신 헌법 기초에 참가했고, 그 공으로 유정회 국회의원이 된 인물이어서 김재규에 대해 적대적인 인식을 가졌을 것이기에 그의 발언을 액면대로 신뢰하기는 어렵다. 그러나 어쨌든 김재규는 차지철의 독주에 맞서려 했던 것 같다.

유신 말기 격동의 시기에 김재규 부장의 처신이 어땠는지, 1979년 12월 10일 육군본부 군사법정에서 있었던 세 번째 공판 진술을 들어보자.

김계원: 본 피고가 느낀 바로는 정치 문제는 중정에서 전적으로 관계하는 업무입니다. 그런데 차 실장이 관계하기 때문에 김재규 피고로서는 대단히 못마땅하게 생각됐을 것이며, 자기 직권에 대해 침해를 당했다고 느꼈을 겁니다. 그로 인해서 차 실장에 대해서 상당히 감정이 좋지 않은 상태였다고 느꼈습니다. 차 실장도 김재규 피고도 두 분이 서로 자기 자신이 각하에 대한 신임도가 제일 두텁다고 자부하고 있었습니다. 신임도에 대한 상호 간의 견제나 질투 같은 것도 있었을 것으로 생각됩니다. 검

찰관님 말씀과 같이 신민당 문제 때문에 정기국회인데도 공전
되고 있었고, 김영삼 의원의 발언 문제로 문제가 복잡해지자,
두 사람의 관계는 더 험악해졌다고 본인은 느꼈습니다.

검찰관: 그 당시 차지철하고 김재규 피고인하고 신민당 전당대회에 대
한 노선이 약간 달랐죠? 그런데 결국 차 실장 때문에 실패로 돌
아가자, 그 비난이 중정으로 쏠리게 됐죠? 김재규 피고는 차지
철의 농간이라고 생각하고 상당히 흥분했다고 진술하셨는데
요…….

김계원: 농간이 아니고, 중정에서 해야 할 일을 차지철이 도중에 가로
채서 결국 성사도 못 시키고…… 모르는 사람들의 잘못된 결과
에 대한 비난은 정보부로 오니까. 거기에 대한 분개의 말을 했
습니다.

검찰관: 중정에서 누구를 총재로 당선시키기 위해서 별도 공작을 하고,
차지철도 별도로 자기 노선에서 공작을 하고 그랬죠?

김계원: 정치 문제에 깊이 개입하지 않아서 잘은 모르지만 중정에서 그
문제에 대해서 그 당시에는 크게 작용을 안 한 걸로 알고 있습
니다.[6]

김영삼 총재 제명과 부마항쟁

김재규는 순리적인 방법으로 유신독재를 끝내고, 박정희가 권력을
내려놓도록 하는 길을 찾았다. 그래서 자신의 위치에서 자기가 할
수 있는 방법으로 시국에 대처하고자 했다. 10·26 거사 후 그가 옥

중에서 쓴 「수양록」의 원본이 《한국일보》 2004년 6월 26일 자에 공개되었다. 1980년 1~2월에 쓴 일종의 일기 또는 소회를 담은 심경록이다. 이 글의 1980년 1월 27일 자에 다음과 같은 대목이 있다.

1976. 12. 4. 돌연 대통령께서 집무실로 부르셔서 갔더니 중정부장으로 가라는 것이었다. 순간 기분은 내키지 않았다. 그러나 할 수 없는 일이다. 그래서 본인은 좋다 그러면 이제는 순리적 방법으로 대통령을 설득하여 유신체제를 고쳐보자, 절호의 찬스다, 이렇게 생각하고 처음에는 대통령의 의중을 탐색하는 데 노력했다.

그러나 조금도 틈이 없다. 하는 수 없이 미련스럽게 틈만 있으면 슬슬 완화해보시도록 이야기해보았으나 어림도 없었다. 국내 여론은 물론 혈맹의 우방 미국이 우리나라 체제에 대해서 어떻게 생각하고 있다는 것, 세계의 자유 우방이 우리에 대해서 인상이 좋지 않다는 것 등.

그러나 누가 무슨 소리를 하더라도 조금도 귀를 기울이려고 하지 않아 나는 이제 다 틀렸다, 마지막 방법으로 혁명을 하는 수밖에 없다고 생각, 1979. 4. 혁명을 결행하려고 했다. 그러나 여건이 좋지 않아 미루다가 10. 26을 드디어 결행하고 말았다.[7]

유신독재를 청산하는 길은 곧 유신독재의 심장인 박정희를 처리하는 일이었다. 김재규는 같은 날에 이런 내용도 기록했다.

나는 밉고 미운 유신독재를 타파하기 위해서는 어찌해야 하겠는가 하고 곰곰이 생각하게 되었다. 유신독재는 박 대통령 각하 혼자서 지키고 있으며 나머지는 그저 따라 하기만 하고 있다는 사실을 알았고, 우리 국민들 전체도 자유를 갈구하고 있다는 사실을 파악하고 누가 여하한 방법으로 유신독재 체제를 물리칠 수 있겠는가 하고 사방을 돌아보았으나 그러나 아무도 용기를 낼 사람이 없다는 것을 알고 하는 수 없구나 내가 하는 방법 이외에는.[8]

김재규의 이 같은 결단을 더욱 재촉하게 되는 상황이 전개되었다. 공화당과 유정회 소속 의원들은 10월 4일에 김영삼 신민당 총재의 국회의원직을 제명하는 폭거를 자행했다. 이에 앞서 8월 9일에는 YH무역 여직원 170여 명이 생존권 보장 등을 요구하며 농성하던 마포 신민당사에 경찰을 투입하여 강제 해산시켰다. 이 과정에서 1명이 사망하고 100여 명이 부상당했는데, 국회의원과 당직자 상당수도 구타를 당했다.

마침내 부산과 마산에서 한국 현대사의 물굽이를 바꾸게 되는 사건이 일어났다. 10월 16일, 부산대생 4천여 명은 교내시위에 이어 저녁 8시경 시청 앞에 집결, 시민들과 합세하여 유신철폐, 독재타도, 야당탄압 중지 등을 외치며 경찰과 대치했다. 이날 학생들은 교내에서 「민주투쟁선언문」을 배포하면서 반유신·반독재 구국투쟁의 대열에 참여할 것을 다짐했다.

부산대생들은 서울의 각 대학과 전남대학·경북대학 등에서 유신체제를 반대하는 시위가 연일 산발적으로 일어나고 있는데도 침묵만 지켜오다가, 김영삼 신민당 총재에 대한 의원직 제명안이 국회에서 변칙적으로 처리된 직후부터 예민한 반응을 보이며 시위에 나서기 시작했다.

박정희 정권은 어용야당 대표 이철승을 누르고 신민당의 새 총재가 되어 대여투쟁을 강화한 김영삼을 의원직 제명과 총재직 직무정지 가처분 등 폭압적 방법으로 제거하려 들었다. 또 신민당사에서 농성하던 YH 여성 노동자들도 폭력을 사용해 쫓아냈다.

이 같은 상황에서 대규모의 시위대로 변한 부산대생들은 교내시위에 이어 경찰의 저지선을 뚫고 시내에 진출하여 경찰과 대치하다가 최루탄에 맞서 벽돌을 던지는 등 강하게 맞섰다. 또한 파출소·신문사에 돌을 던지고 경찰차에 불을 지르는 등 이튿날 새벽 2시까지 유신 이후 가장 격렬한 시위를 전개했다. 이날 시위로 학생 282명이 경찰에 연행되었다.

16일의 학생과 시민들의 시위를 보고받은 구자춘 내무장관은 17일 부산시청에서 기자회견을 열고 "앞으로 지각없는 경솔한 소란행위에 대해서는 단호히 대처해나가겠다"라고 경고했다. 같은 날 부산시민회관에서는 부산시장을 비롯한 각 기관장·새마을 지도자 등 2,500여 명이 참석한 가운데 10월 유신 7주년 기념식이 열려 참석자들은 "유신으로 총화단결을 더욱 공고히 하자"라는 따위의 결의문을 채택했다.

이러는 동안 부산대를 비롯해 동아대, 고려신학대, 수산대 등 부산 시내 각 대학의 학생들은 시청에서 불과 400m 떨어진 국제시장과 부영극장 앞으로 속속 모여들었다. 오후 6시 30분경 남포동에 모여 있던 학생 400여 명은 애국가를 부르며 일부는 국제시장 쪽으로, 일부는 충무동 쪽으로 행진했다.

이렇게 전개된 17일의 시위는 고등학생들도 상당수 가담하고 어둠이 깔리면서 시민들까지 가세하여 더욱 격렬해졌다. 경찰의 완강한 저지로 부산시청 앞으로 진출이 불가능해지자 시위대는 소규모로 나뉘어 시내 곳곳에 분산하여 게릴라식으로 이동하는 바람에 경찰은 저지 능력을 사실상 상실하게 되었다.

밤이 깊어갈수록 시위는 더욱 격렬해졌다. 충무파출소, KBS, 서구청, 부산세무소가 파괴되고, MBC의 유리창이 박살났다. 이틀간의 격렬한 시위로 경찰 차량 6대가 전소되고 12대가 파손되었으며, 21개 파출소가 파괴되거나 방화로 피해를 입었다. 수많은 시민·학생이 연행되고, 그중 다수가 군사재판에 회부되었다.

부산에서 이틀째 유신철폐를 외치는 격렬한 시위가 계속되었으나, 박정희 대통령은 그때 청와대 영빈관에서 유신 7주년을 축하하기 위해 공화당과 유정회 의원들을 초청하여 흥겨운 파티를 벌였다. 부산 시위 때문에 파티를 중도에 끝내고 청와대 집무실로 돌아온 박정희는 최규하 국무총리에게 부산 지역에 비상계엄령을 선포하라고 지시했다.

이어서 열린 임시국무회의는 부산에 계엄령을 선포할 것을 의결, 18일 0시를 기해 부산직할시 일원에 비상계엄령을 선포했다. 박정희 대통령은 계엄 선포와 함께 발표한 담화문에서 부산의 시위군중을 "지각 없는 일부 학생들과 불순분자들"이라고 규정했다.

부산지구 계엄사령관으로 임명된 박찬긍 육군중장은 포고문을 통해 일체의 집회·시위를 금지하고, 대학의 휴교를 명령하는 한편 무장군인들을 시내 요소마다 배치했다. 그러나 학생과 시민들은 공수단의 무자비한 진압에도 불구하고 계엄해제를 요구하며 시위를 계속하는 가운데 시위는 마산으로 번져나갔다.

부산 시민들과 학생들의 유신체제에 대한 항의시위 소식이 마산에 전해지면서 학생들이 술렁거리기 시작했다. 부산에서 버스로 불과 1시간 거리에 있는 마산은 생활권이 부산과 직결되어 있기 때문에 부산에서 일어난 모든 일은 곧바로 알려지게 되었다.

경남대생 5백여 명은 18일 오후 "지금 부산에서는 우리의 학우들이 유신독재에 항거하여 피를 흘리고 있다," "3·15 의거의 정신을 되살리자"라면서 시위를 벌였는데, 그중 일부 학생들이 시내에 진출했다. 학생들이 무학초등학교 앞에서 경찰에 난폭하게 연행되자 시민들까지 합세하여 공화당사를 박살 내고 양덕파출소를 파괴했다. 1960년 3월 이래 19년 만에 일어난 항쟁이었다. 시위군중들은 어둠이 짙어갈수록 더욱 수가 늘고 격렬해져서, 산호동파출소가 불탔으며, 이어 북마산파출소, 오동동파출소가 완전히 파괴되었다. 밤 9시 30분경 경찰지원병이 늘어나 시위대들이 점거하던 중심가 남성동파출소를 중심으로 시위군중들과 대치하게 되었다.

마산 시민·학생들의 시위는 19일 저녁에는 수출자유지역의 노동자와 고등학생들까지 합세, 더욱 격렬해졌다. 20일 새벽 3시까지 학생·시민들의 시위가 끊임없이 계속되었다.

부산 시위가 마산으로 옮겨붙어 더욱 격렬한 양상으로 치닫자 정부는 20일 정오를 기해 마산 지역 작전사령관 명의로 마산시 및 창원출장소 일원에 위수령을 발동했다. 위수령 발동과 함께 마산 시내에 즉각 군을 진주시켜 시청과 경찰서 등 정부기관과 언론기관,

각 대학교에 대한 경계에 들어갔다.

4일간의 시민·학생 봉기를 통하여 부산에서 1,058명, 마산에서 505명 등 총 1,563명이 연행되고, 이 중에 학생·시민 87명이 군법회의에 회부되었으며, 651명이 즉결심판에 넘겨지는 등 시민들은 극심한 수난을 겪었다. 부마항쟁은 대학생과 일부 고등학생, 시민·노동자들이 참여하는 시민항쟁으로 전개되었다.

김영삼 총재의 의원직 제명을 계기로 폭발한 부마민중항쟁은 계엄령과 위수령으로 일시적으로 막을 내렸다. 그러나 불씨는 사그라들지 않은 채 17일에는 이화여대, 19일에는 서울대와 전남대, 24일에는 계명대 등 학생시위가 수그러들 줄 모르고 전국으로 확산되었고, 마침내 10·26을 촉발시키는 뇌관이 되었다.

시위대를 상대로 발포 명령을 내리겠다는 박정희

김재규는 '마침내 올 것이 왔구나' 싶으면서도 참담한 심경을 가누기 어려웠다. 10월 18일 부산에 계엄령이 선포되고, 그는 헬기를 타고 시위 현장을 둘러봤다. 그리고 부산 관계기관 책임자들을 만나 상황을 들었다. 서울에서 청취한 보고보다 상황이 훨씬 심각하다고 판단했다.

현지에서 상황을 알아보니 180명의 구속자 중 학생은 16명에 불과하고 나머지는 모두 민간인이었다. 또 검경이 주장한 남민전이라는 불순세력의 배후조종이라는 증거도 없었다.

자연발생적인 반정부 민란의 성격이 짙었고, 주부들이 시위대에 김밥과 음료수를 날라다 주는 등 시민혁명의 수준이었다.

정확한 실정을 보고하기 위해 김재규는 박정희 대통령을 만났다. 경호실장 차지철과 비서실장 김계원 등도 자리를 함께했다. 김재규는 12월 8일에 열린 군사법정에서 검찰 신문과 변호인 반대신문에 이어 진행된 재판관의 신문에서 그때 대통령에게 보고한 내용을 다음과 같이 진술했다.

데모 양상을 보니까, 데모하는 사람들에게 주먹밥을 주고 사이다 콜라를 갖다 주고 경찰에 밀리면 자기 집에 숨겨주고 하는 것이 데모하는 사람들과 시민들이 완전히 의기투합한 상태였습니다. 그 사람들의 구호는 주로 체제에 대한 반대, 조세에 대한 저항, 물가고에 대한 저항, 정부에 대한 불신에 관한 것이었고, 이런 것이 작용해서 경찰서 11개를 불 지르고 경찰 차량 10대를 파괴해 소각하는 사태가 벌어진 것입니다.

그래서 각하께 보고드렸습니다. "각하, 체제에 대한 저항과 정부에 대한 불신이 이렇습니다"라고 하면서 각하의 생각을 좀 누그러뜨리려고 했지만 또 반대효과가 났습니다.

이곳엔 변호인밖에 없긴 하지만 이 말씀은 밖으로 안 나갔으면 좋겠습니다. 각하께서는 "이제부터 사태가 더 악화되면 내가 직접 쏘라고 발포 명령을 내리겠다. 자유당 말기에는 최인규와 곽영주가 발포 명령을 했으니까 총살됐지, 대통령인 내가 발포 명령을 하는데 누가 날 총살하겠느냐"고 하셨습니다. 이런 데다가 차지철 경호실장은 "캄보디아에서는 300만 명이나 희생시켰는데, 우리는 100만, 200만 명 희생시키는 것쯤이야 뭐가 문제냐"고 했습니다.

누구나 들으면 소름 끼칠 내용들입니다. 이렇게 건의를 쭉 해봤지만 건의하면 할수록 반대효과만 났습니다. 처음에 제가 부임할 때는 순리적인 방법으로 유신체제를 바꿔놓을 절호의 기회라고 생각했는데, 결국 불가능이라는 결론이 나왔습니다.[9]

유신 말기 박정희와 차지철의 시국 인식은 그야말로 '소름 끼칠' 정도였다. 그들은 권력을 놓지 않기 위해 능히 못할 짓이 없었다. 박정희는 어떤 심리였을까. 박정희의 '정신분석'을 연구한 신용구는 박정희를 "대담하면서도 소심했고 공격적인 동시에 한없이 유약했던" 인물로 분석한다.

박정희가 메시아적 존재를 자아 이상으로 설정한 것은 죽음에 대한 그의 무의식적 공포와 매우 밀접하게 관련이 있을 것으로 보인다. 두 가지의 강렬한 불안—유기불안과 거세불안—으로 인해 늘 생존에 위협을 느끼고 있던 그로서는 죽음에 대한 공포 역시 그만큼 클 수밖에 없었을 것이다. 지나칠 정도의 경쟁적 태도나 강박증 역시 죽음과 관련돼 불안을 해소하기 위한 노력의 부산물이었음을 감안할 때, 결국 그의 핵심적인 갈등의 요체는 죽음에 대한 공포였다고 할 수 있을 것 같다.

이런 문제들에 시달리던 그의 입장에서는 절대적인 힘을 가진 메시아적 인물이 되는 것보다 더 효과적인 불안 해소 방법은 없었을 것으로 보인다.[10]

김재규는 비장한 결심을 하기에 이른다. 온건한 방법도, 충심 어린 간청도 먹히지 않는 상황에서 자신의 몸을 던지기로 결단한다. 박정희와 차지철의 거침없는 발언으로 보아 장차 나라에서 어떤 비극이 벌어질지 알 수 없는 상황이었다.

저는 이승만 대통령과 박정희 대통령을 비교해보았습니다. 이 대통령은 물러설 때 물러설 줄 알았는데, 박 대통령의 성격은 절대로 물러설 줄 모릅니다. 국민과 정부 사이에서 반드시 큰 공방전이 벌어지고, 수없이 많은 사람이 상할 것이 틀림없었습니다.

그리고 현재만 하더라도 약 400~500명이 교도소에 있고, 학교에서 쫓겨난 학생 수가 800~1000명 정도입니다. 결국 자유민주주의를 해야 할 나라가 독재를 하면서, 원천적으로 정부가 해서는 안 될 독재를 저질러놓고 독재체제를 반대하는 사람을 처벌하거나 완전히 적반하장 격이 된 것입니다.

그래서 아무리 생각해봐도 역시 방법이 없습니다. 아까 말씀드린 바와 같이 대통령 각하와 자유민주주의 회복과는 아주 숙명적인 관계이기 때문에 결국 자유민주주의 회복을 위해서는 한쪽을 희생할 수밖에 도리가 없었습니다.[11]

박정희, 딸과 아들 비리 감싸기만

박정희는 집권 말기에 이르러 가족에 대한 통제력도 크게 상실했다. 이때 김재규의 결단에 일조를 한 사건이 있었다. 큰딸 박근혜에 대한 불미스러운 이야기는 주변에 널리 알려졌다. 정보부가 취합한 내용을 김재규가 보고했으나 대통령은 오히려 딸을 감쌌다.

정에 흔들리는 박정희를 단적으로 보여주는 사례는 최태민崔太敏이라는 괴목사의 등장이다.

큰딸 근혜 양에게 접근한 최 목사는 순경 출신으로 한때는 불가에 입문했다가 목사로 변신한 미스터리의 인물이었다. 그는 1975년 구국선교단·구국봉사단이라는 조직을 만들어 자신은 총재, 근혜 양은 명예총재로 앉혀놓고 각종 이권에 개입하는 등 말썽을 빚었다.

말썽이 끊이지 않자 1977년 9월에는 대통령이 최 목사의 비리를 수사해온 김 정보부장과 최 목사를 직접 대면시켜놓고 친국(임금이 직접 심문하는 일)까지 했으나 문제는 해소되지 않았다.

친국 며칠 후 박 대통령은 선우련 비서관에게 "근혜 곁에서 최 목사를 얼씬도 못 하게 하라"고 특명을 내렸다. 그러나 근혜 양이 최 목사를 옹호하고 나서자 선우 비서관은 다시 대통령에게 이를 보고했다. 그제야 대통령은 심증을 털어놓았다.

"내가 특명을 내리고도……, 근혜가 엄마도 없는데 일까지 중단시켜서 가엾기도 하고 나도 마음이 아팠고……."

결국 그렇게 최 목사 사건은 흐지부지되었고, 10·26 이후 전두환 합수본부장이 최 씨를 강제로 강원도로 쫓아낼 때까지 그의 활동은 계속됐었다.[12]

박근혜가 대통령에서 탄핵당할 때 국정농단의 주역 최순실이 바로 최태민의 딸이다. 박정희가 그때 최태민을 사법처리했으면 '딸의 비극'을 막을 수 있었을까?

김재규는 박정희 가족의 비리에 대해 어느 누구도 진언하지 못한 것을 샅샅이 보고했다. 아들 박지만의 문제도 포함되었다. 항소심 선고가 있던 1980년 1월 28일 「항소이유보충서」에서 진술한 내용이다.

본인이 결행한 10·26 혁명의 동기 가운데 간접적인 것이기는 하지만 중요한 것 한 가지는 박 대통령이나 유신체제 자체에 관한 것이 아니라 대통령의 가족에 관한 것이기 때문에 공개된 법정에서는 밝힐 수 없는 것이지만 꼭 밝혀둘 필요가 있으므로 이 자리에서 밝히고자 합니다.

구국여성봉사단과 관련한 큰 영애의 문제

구국여성봉사단이라는 단체는 총재에 최태민, 명예총재에 박근혜 양이 었는바, 이 단체가 얼마나 많은 부정을 저질러왔고 따라서 국민, 특히 여성 단체들의 원성이 되어왔는지는 잘 알려져 있지 아니합니다. 그럼 에도 불구하고 큰 영애가 관여하고 있다는 한 가지 이유 때문에 아무도 문제 삼은 사람이 없었고, 심지어 박승규 민정수석비서관조차도 말도 못 꺼내고 중정부장인 본인에게 호소할 정도였습니다.

본인은 백광현(당시 서울 고검 검사로 정보부에 파견 근무를 했고, 후에 내무부장관을 지냄) 안전국장을 시켜 상세한 조사를 시킨 뒤 그 결과를 대통령에게 보 고하였던 것이나 박 대통령은 근혜 양의 말과 다른 이 보고를 믿지 않고 직접 친국까지 시행하였고, 그 결과 최태민의 부정행위를 정확하게 파 악하였으면서도 근혜 양을 그 단체에서 손 떼게 하기는커녕 오히려 근혜 양을 총재로 하고, 최태민을 명예총재로 올려놓은 일이 있었습니다. 중정본부에서 한 조사보고서는 현재까지 안전국(6국)에 보관되어 있을 것입니다.

지만 군의 문제

육군사관학교는 전통적으로 'honor system'이 확립되어 있습니다. 그런데 육사에 입학한 지만 군은 2학년 때부터 서울 시내에 외출하여 여의도 반도호텔 등지에서 육사 생도로는 도저히 용납될 수 없는 오입을 하고 다녔습니다. 그래서 본인이 박 대통령에게 육사의 명예나 본인의 장래를 위하여 다른 학교에 전학시키거나 외국 유학을 보내는 것이 좋겠다고 간곡하게 건의한 일이 있었습니다. 그러나 그러한 건의는 결코 받아들여지지 아니하였습니다.

위와 같은 문제는 아이들의 문제이기는 하지만 이 문제에 대한 박 대통령의 태도에서 본인은 그의 강한 이기심과 집권욕을 읽을 수 있었습니다. 비록 자녀들의 문제이지만 이런 일들이 있다는 것 자체가 국민을 우매하게 보기 때문에 일어나는 것임은 물론입니다. 따라서 이 문제를 이런 기회에서나마 밝혀두지 않을 수 없는 것입니다.[13]

사육신에 유응부를 빼고 김문기를 넣다

김재규가 중앙정보부장 시절에 마치 '민주인사'처럼 행동한 것은 아니었다. 유신헌법에 반대하고 강압통치에 비판적이었던 것은 사실이다. 그러나 그는 박정희 권력구조에서 보안사령관, 건설부장관, 유정회 의원, 중앙정보부장 등 요직을 두루 맡았던 핵심 중의 한 사람이었다.

권력을 남용한 일도 있었을 것이고, 부패한 측면도 없지 않았을 것이다. 이런 부분은 10·26 거사 후 진행된 재판 과정에서 다시 살펴본다. 여기서는 '상왕(단종)복위운동'의 주역인 '사육신'에서 유응부를 빼고 그 대신 자신의 조상인 김문기를 넣으려 했다는 일에 대해서 알아본다.

사육신이 국민적 상식이 된 데는 이런 오랜 과정이 있었다. 1970년대 후반 갑자기 사육신 문제가 대두한 배경에 당시 나는 새도 떨어뜨린다는 중앙정보부장이 개입되었다는 사실은 내놓고 말을 하지 못했지만 알 만한 사람들은 다 알고 있었다. 그리고 사관 정신을 내팽개친 일부 학자들의 행태에 대해 식자들이 우려를 금치 못했던 것도 사실이다.[14]

위의 글을 쓴 이재호는 자신이 쓴 책의 주석에서 "김문기의 후손이 당시 중앙정보부장 김재규다"라고 밝혔다. 유신 말기인 1977년 9월 국사편찬위원회(위원장 최영희)는 특별위원회까지 구성하여 사육신 중 유응부를 김문기로 바꾸기를 논의한 결과 만장일치로 결정했다고 한다.

특별위원회 위원은 이선근, 이병도, 신석호, 백낙준, 유홍렬, 조기준, 한우근, 전해종, 김철준, 고병익, 김도연, 이기백, 이광린, 김원룡 등이다.[15] 국사학계의 이만한 인물들을 모아 만장일치로 역사적 사건에 관한 인물을 갑자기 바꾸는 데는 중정부장의 개입이 아니고는 쉽지 않았을 것이다.

사건의 개요는 이렇다. 조선 초 수양대군이 쿠데타를 일으켜 단종을 몰아내고 자신이 왕위에 올랐다. 이를 참다못해 집현전 학사인 성삼문, 박팽년, 하위지, 이개, 유성원과 무과 출신의 무관 유응부 등이 주축이 되어 상왕이었던 단종을 복위시키려다 밀고로 붙잡혀 처참하게 처형당한다. 역사에서는 이들을 사육신死六臣이라 부른다. '사육신'이라는 이름은 생육신生六臣의 한 사람인 추강 남효온이 지은 『육신전六臣傳』에서 기원한다. 『세조실록』에는 없는 용어이다.

단종복위운동에 가담한 인원은 수십 명이었고, 김문기도 이 사건에 연루되어 사형당한 것은 사실이다. 그러나 남효온이 적시하고 역사적으로 굳어진 사육신의 일원은 아니었다.

김문기의 후손들이 편찬한 『백촌유사白村遺事』에도 김문기를 사육신의 일원으로 생각하지 않았다는 기록이 나온다. 곧 "국문에 임할 때 선생(김문기)이 나와 육신六臣은 모의 역시 같이 했고 의義 역시 같은데 어찌 다시 묻느냐" 하고는 "입을 다물고, 혀를 깨물어 답하지 않았다"라고 전한다. 김문기 스스로가 '육신'이라는 표현을 썼다는 사실은 김문기가 사육신에 포함될 수 없음을 단적으로 증명하는 것이다.[16]

김재규가 자신의 조상을 현창하기 위해 국사편찬위원회(장)에 먼저 제안한 것인지, 어용학자들이 아첨용으로 먼저 제안한 것인지는 밝혀지지 않았다. 어찌 되었든 이후 만장일치로 유응부를 빼고 사육신의 자리에 김문기를 넣기로 하고, 서울 노량진 사육신 묘역에 김문기까지 모셔져 '사칠신'의 묘역이 되었다.

국사편찬위원회의 이 같은 처사가 알려지면서 이재호, 이가원, 김성균, 이재범, 정복구 교수 등이 곧바로 반론을 제기하고 시정을 요구했다. 그러나 이 요구는 쉽게 받아들여지지 않았다. "이 사태가 불거지게 된 것은 일부 어용사학자들이 당시 나는 새도 떨어뜨린다는 한 권력자의 사문私門(당시 중앙정보부장이 김재규다)에 영합했기 때문임을 알 만한 사람들은 다 알 것이다."

박근혜 정권 말기에 어용학자들이 왜곡한 역사 교과서를 국편으로 만들려던 시도는 1970년대 중정부장을 꼬드겨(또는 지시받고) 사육신을 교체하려던 수법과 크게 다르지 않았다.

김재규가 죽은 뒤인 1982년 11월에 국사편찬위원회(위원장 이현종)는 심의 끝에 "종래의 사육신 구성을 변경한 바 없다"라고 변명했다. "지체된 정의는 정의가 아니다"라는 말이 나돌았다.

야수의 심정으로 유신의 심장을 쏘다

8

채홍사가 된 경호실과 중정 간부들

독재자의 말로는 비참하다. 동서고금이 다르지 않다. 그런데도 독재자는 속출한다. 아무리 역사가 그 사실을 증명해주어도 아랑곳없이 자신은 괜찮을 것이라고 믿기 때문이다. 독재자들의 심리는 서로 다르지 않은 듯하다.

박정희는 이승만의 길을 답습했다. 불과 10년도 안 돼 3선 개헌을 강행하고 1인 독재의 길을 따라 했다. 4·19 혁명으로 쫓겨난 것을 똑똑히 보았고, 독재권력의 비참한 말로도 잘 알고 있었다. 그는 어느 측면에서 이승만보다 더욱 포악했다. 그리고 사생활이 문란하고, 일국의 대통령으로서는 차마 하기 어려운, 딸과 같은 젊은 여성들을 불러 한 달에 열 번씩이나 난잡한 파티를 열었다. 도덕 감정 따위는 벗어던진 지 오래였다.

박정희는 부인과 사별한 뒤 정서적 불안감이 심해졌던 것 같다. 이 틈을 파고든 이가 차지철 청와대경호실장과 측근들이었다. 재혼을 권유했으나 성사되지 않으면서 측근들은 대통령의 '고독'을 달래주고자 달리 방법을 찾았다.

다음은 대통령 비서실에 근무했던 P의 증언이다.

사실 그런 점이 있지요. 근엄한 인품으로 정평이 나 있던 중앙정보부장 A 씨의 경우 채홍採紅 같은 걸 무척 꺼렸어요. 그런데 주변에서 "외로운 각하를 위해 적당한 술집이라도 하나 개발해두는 게 괜찮다"고 자꾸 권유했어요. 그래서 정보부 주선으로 쓸 만한 마담 한 명을 교섭해 당시만 해도 한갓지던 강남 지역에 요정을 차리게 했지요. 호스티스들도 물색해놓고요. 적당한 기회를 보아 A 씨가 대통령을 그곳으로 모셨지요.

그런데 일이 꼬이느라 그랬는지 하필 고르고 골라 각하 옆자리에 앉힌 아가씨가 그날따라 아양이 지나쳐서 오두방정을 떨고 말았어요. 각하는 예의에 어긋나는 그런 타입의 여자를 싫어하셨거든요. 술좌석이 무르익기도 전에 자리를 박차고 가버리셨습니다. 대통령 각하가 다시 그 술집을 찾지 않은 건 물론이고, 마담은 울상을 짓고…… 그래서 정보부 국장급들이 그 술집을 단골로 삼았지요. 하지만 나는 새도 떨어뜨린다던 당시 정보부의 간부들이 술값을 제대로 주었겠습니까. 결국 1년도 안 돼 요정은 문을 닫았어요.[1]

박정희의 엽색 행각은 서울 압구정동 아파트에 사는 한 여인을 가끔 찾는 데서부터 본격화했다. 그의 압구정동 H 아파트 출입 염문이 귀에서 귀로 번진 것은 1970년대 후반이었다.

"H 아파트에 사는 배우 J 양을 만나기 위해 깊은 밤 대통령이 나타난다." "그분의 여염집 나들이 때는 잠시 X동의 전깃불이 나간다." "K 여고를 나온 재벌집 며느리가 목격담을 퍼뜨리다 혼쭐이 났다"라는 소문들이 꼬리에 꼬리를 물었다. 귀를 의심할 만한 이 소문들이 대체로 사실로 확인된 것은 1981년께 서울민사지방법원에서였다.

현직 법관 H 씨의 이야기를 들어보자.

81년경 기이한 민사소송이 들어왔다. 그 아파트 6동엔가 사는 한 주부가 경찰관을 상대로 갈취당한 돈에 대한 반환청구소송을 낸 것이었다. 그 주부는 승강기에서 대통령을 목격했고, 즉각 경호원들로부터 발설하지 말라는 경고를 들었다. 그런데 참지 못하고 동네 주부들에게 귀엣말을 해 이 사실이 한 경찰관 귀에 들어갔다.

　문제의 경관은 발설한 아주머니를 유언비어 사범으로 입건하지 않고 눈감아준다는 조건으로 돈을 갈취했다. 상당 기간 뜯어낸 액수가 1,000만 원도 넘었던 것으로 기억된다. 대통령이 죽고 세상이 바뀌자 주부는 분한 생각에 (…).[2]

대통령의 압구정동 엽색 행각이 종종 주민들에게 노출되는 등 물의를 일으키자 나중에는 청와대 인근의 궁정동 안가에 판을 벌였다. 최후를 맞은 곳도 궁정동 안가였다.

궁정동 세검정의 안가에 박 대통령을 '모셔' 초저녁엔 말동무를 하다가 밤 9시께 슬그머니 대통령과 여성만 남겨두고 밀실을 빠져나오는 식이었다고 한다. 여성은 대부분 배우, 탤런트여서 박선호(중앙정보부 의전과장)는 1979년 겨울에 "저기 걸린 달력에 나온 미녀 모두가 안가를 다녀갔다"라고 진술하기도 했다.

1970년대 말, 그 숨 막히는 유신 공포 분위기 속에서 하마터면 밀실 비사들이 터질 뻔한 적도 있었던 모양이다. 박선호는 "A 양의 경우 부모들이 안가 출입을 알고 들고 일어나서 부장이 몇백만 원 주었다는 말을 들었다"라고 밝혔다.

부인 육영수가 없는 청와대의 박정희 대통령은 심신 양면으로 쓸쓸해지고 황폐해져갔다. 사리분별이 바르고 오늘날까지도 여러 사람의 뇌리에 깨끗했던 퍼스트레이디로 남아 있는 육영수 여사가 살아 있을 때는 분명히 달랐다.[3]

박정희 정권 말기 청와대경호실과 중앙정보부에는 박정희의 '밤일'을 맡은 채홍사採紅使가 있었다. 채홍사는 조선조 연산군 즉위 후 그의 방탕무도한 생활을 즐기기 위해 미녀를 뽑는 관리를 이르는 말이다.

중앙정보부 의전과장의 임무는 언제부터인가 대통령의 술자리 행사에 여자를 조달하고 요정을 관리하는 것으로 변질돼 있었다. 그래서 붙여진 이름이 대통령의 채홍사.

채홍사의 증언에 따르면 이미 명성을 얻은 일류 탤런트보다는 20대 초반의 연예계 지망생이 무난한 조달 대상이었다. 그중엔 유수한 대학의 연예 관련학과 재학생도 있었다. 채홍사가 구해온 여자들은 먼저 경호실장 차지철이 심사했다. 차지철은 채홍사에게 "돈은 얼마를 주더라도 좋은 여자를 구해오라"고 투정을 부리기도 했다. 그래서 대통령의 채홍사란 중앙정보부 의전과장보다도 경호실장 차지철에게 붙여야 할 이름이었다.[4]

박정희는 일주일에 몇 차례씩 소연회나 대연회를 열었고, 그때마다 선발된 여성들은 청와대경호실장이 최종 검증을 맡았다고 한다.

차지철의 심사에 이어 여성들은 술자리에 들어가기 전 경호실의 규칙에 따라 보안 서약과 함께 그날의 접대법을 사전에 엄격하게 교육받았다. 먼저, 그 자리에 왔던 사실을 외부에 발설하면 안 된다. 술자리에 들어가면 대통령을 비롯해서 고위 인사들의 대화 내용에 관심을 표하지 말아야 한다. 특히 대통령이 말을 걸어오기 전에는 이쪽에서 먼저 응석을 부리지 말아야 한다.

김재규가 대륜중학교 교사로 잠깐 재직할 때 제자였던 예비역 해병대 대령인 박선호는 "자식 키우는 아버지로서 할 일이 못 된다는 생각이 들어서 몇 번이나 사표를 냈다"라고 진술했다. 그러나 그는 김재규의 만류로 그 수치스럽다고 생각한 채홍사 일을 계속하다가 김재규와 함께 형장의 이슬로 사라지는 비운의 주인공이 되고 말았다.[5]

심상치 않은 '재이災異 현상'

과학으로 무장한 현대인들은 쉽게 공감하기 어렵겠지만 동양에서는 오래전부터 재이災異, 즉 자연계의 재해나 이변 현상을 경외해왔다. 홍수나 충해, 가뭄 등 인간 생활에 큰 해를 끼친 것을 '재災', 일식과 혜성, 동물의 이상한 행동 등 정상적인 현상과는 다른 것을 '이異'라고 불렀다.

천자天子 등의 인간계의 부덕함에 대해서 하늘은 먼저 재해를 내리고, 이어서 괴이怪異를 내린다고 한다. 이처럼 자연계의 이상한 현상과 인간계(특히 위정자)의 도덕적·정치적인 양태를 연결시켜 후자를 원인으로 한 결과, 전자가 발생했다는 인간관계설을 재이설이라고 한다.

또한 재이와 본질적으로 같은 성격을 지니고 있지만 정반대의 관계가 있는 것으로 상서祥瑞 또는 부서符瑞가 있다. 그것은 상서로운 조짐이라는 의미로, 천자 등의 위정자가 도덕적·정치적으로 선을 행하는 경우, 하늘이 그것을 어여삐 여겨 내리는 길조吉兆를 가리킨다. 구체적으로 기린·봉황·감로甘露·서운瑞雲 등을 가리킨다.[6]

21세기 과학문명으로 무장한 현대인에게 재이나 상서 증상은 '이변' 정도로 가볍게 취급된다. 인공지능AI, 3D 프린터, 가상현실VR, 사물인터넷IOT 등 이른바 4차산업 혁명기의 현대인에게는 더욱 그러하다. 그런데도 지구촌 곳곳에서 가끔 나타나는 재이 현상은 사람들의 시선을 집중시킨다.

1979년 10월 26일, 박정희 최후의 날에 '재이 현상'이 나타났다. 그 이전에도 몇 차례 더 있었다. 박정희는 이날 오전 충남 삽교천 방조제 준공식에 참석한다. 그날 삽교천 행사에 참석한 대통령을 수행했던 신현순은 그날의 재이 현상을 다음과 같이 들려준다.

행사를 마친 각하께서 전용 헬기편으로 도고온천에 도착할 때 그곳 호텔 측에서 우리에 가둬 키우던 노루 한 마리가 헬기 굉음에 놀라 뛰다 철책에 머리를 부딪쳐 즉사했지요. 선발팀으로 행사 전에 경호 요점을 체크하면서 호텔 사장에게 "노루들을 잠시 다른 곳으로 옮기자"고 종용했으나 안 먹혔어요.

게다가 여기서 헬기 3대 중 1대가 고장 나는 불상사도 있었습니다. 어쨌든 호텔에서의 오찬은 예정대로 열렸지요. 그 지역의 한건수 신민당 의원도 오찬에 참석했는데 대통령은 오찬장을 떠나면서 야당이 의원직 사퇴서를 제출한 일을 의식한 듯 "한 의원만이라도 국회에 들어오시오"라고 말을 건넸지요. 내가 들은 각하의 마지막 말이었어요.[7]

10·26 사태를 전후하여 발생한 재이 현상은 더 있었다.

이보다 1주일 앞서 당시 (청와대) 경호과장이던 함수룡 씨는 매우 기분 나쁜 일을 겪는다. "이른 아침 경호관 숙소로 꿩 한 마리가 날아들더니 숙소 벽에 머리를 부딪고 죽어버리는 거예요. 우리는 직책상 육감을 중요하게 여겨 지난밤 꿈자리가 나빠도 동료에게 알려 경계 태세를 더 강화하곤 했어요. 나는 누가 볼까봐 꿩의 사체를 얼른 치워버렸습니다. 기분이 찜찜했어요."

함 씨는 10·26 당일 저녁 청와대 본관 경호 책임자로 근무하게 된다. 그는 이날 사건 발생 직전 또 한 차례 '징조' 같은 일을 겪는다.

"궁정동에서 첫 총소리가 나기 5, 6분쯤 전이었습니다. 초소 근무자가 "본관 지붕 위에 이상한 것이 날아와 앉아 있다"고 보고해왔어요. 적의 폭발물이 아닌가 싶어 급히 나가봤더니 날이 어두운 가운데도 두세 살 난 어린애만 한 커다란 새 한 마리가 지붕 꼭대기에 앉아 꾸르룩 꾸르룩 울고 있는 모습이 보였어요. 부엉이 같다는 생각이 들었습니다.

60년대부터 청와대에서 근무해왔지만 근처에선 처음 보는 동물이었지요. 어쨌든 위험물은 아니라고 판단하고 다시 당직실로 들어오려는 순간 어디선가 탕, 탕 하고 총소리가 연달아 터지더군요."

이때가 79년 10월 26일 오후 7시 42분이었다. 함구룡 경호 5과장은 처음에는 가끔 있는 오발 사고려니 생각했다. 그러다가 '두 발을 연달아 오발하는 경우는 거의 없지 않은가' 하는 데 생각이 미쳤다. 외곽 초소에 알아보니 '궁정동 방향'이라는 보고였다. 수경사 30경비단 상황실에 문의해도 그 이상의 상황 설명은 나오지 않았다.[8]

1972년 12월 27일은 박정희가 유신대통령, 그러니까 통합 네 번째 대통령(제8대)에 취임하던 날이다. 서울 장충체육관에서 대통령 취임식이 성대하게 거행되었다.

바람 한 점 없는 밀폐된 실내 체육관이었다. 사실 대통령 취임식은 중앙청 앞 광장에서 하는 것이 관례였다. 그러나 경호상의 문제 때문에 실내로 변경되었다. 통일주체 대의원과 극히 제한된 인사들만 초청됐고 밖에는 삼엄한 경계가 쳐졌다. 박 대통령이 취임선서를 마치고 카랑카랑한 목소리로 취임사를 낭독하기 시작했다.

그때 어디선가 우지끈하는 소리가 들렸다. 단상 옆에 세워둔 거대한 국기 게양대가 흔들흔들하더니 중간에서 탁 꺾여졌다. 태극기가 바닥에 떨어졌다. 취임사를 낭독하던 박 대통령이 깜짝 놀라 몸을 피했다. 장내는 잠시 수라장이 되었다. 제4공화국이 출범하는 순간의 이 해프닝은 이를 지켜본 이들에게 상서롭지 않은 조짐으로 새겨졌다.[9]

역사를 바꾼 두 발의 총성

박정희의 절대권력은 중앙정보부와 국군보안사가 외곽을 맡고, 청와대경호실이 내곽을 책임지고, 군부는 전두환의 보안사가 관리하는 구도로 운영되었다. 그래서인지 차지철 경호실장과 김재규 중정부장 사이에 암투가 치열했다. 절대권력자의 총애를 둘러싸고 벌어진 2인자의 경쟁이었다. 햇볕이 들지 않는 곳에 곰팡이가 슬듯이, 음습한 권력의 뒤편에서는 '구더기'가 들끓게 마련이다.

박정희 정권 말기에는 차지철의 위세가 김재규를 압도했다. 그의 호가호위는 가히 거칠 것이 없었다.

5·16 혁명 당시 육군 대위였던 차지철은 2성 장군 출신으로 군의 대선배인 김계원 비서실장을 "내 방으로 좀 내려오세요"라고 하는가 하면, 김재규 중앙정보부장이 대통령에게 급히 보고하는 것도 때로는 "각하의 몸이 불편하니 오늘은 보고할 수가 없다"고 막기도 했다. 그 대신 차 실장은 개인 정보조직을 이용하여 중앙정보부보다 앞서 대통령에게 수시로 정세보고를 했다.

김재규 부장은 차지철의 이러한 횡포에 골머리를 앓고 있었다. 더구나 박 대통령이 이러한 차지철 실장을 김재규 부장보다 훨씬 편애한다는 사실은 심각한 문제였다.[10]

10월 26일 저녁, 청와대 옆 궁정동의 중앙정보부 밀실, 소위 안가라 불리는 곳에서 난데없이 총성이 울려 퍼졌다.

"탕! 탕!"

두 발의 권총소리는 초저녁 궁정동의 적막을 깼다. 간발의 차이를 두고 십수 발의 총성이 콩 볶듯이 뒤를 이었다.

1979년 10월 26일 저녁 7시 42분, 박정희 대통령은 궁정동 안가에서 김재규의 총탄에 맥없이 쓰러졌다. 박정희의 절대통치 18년이 막을 내리는 순간이었다.

"형님, 각하를 좀 똑바로 모십시오."

"각하, 이따위 버러지 같은 놈을 데리고 정치를 하니 정치가 올바로 되겠습니까."

"차지철이 이놈!"

"탕!"

김계원 비서실장과 박정희 대통령에게 마지막 '건의'를 올린 김재규는 곧바로 차지철을 향해 권총을 뽑아 들었다.

순간 연회석은 아수라장으로 돌변했다. 차지철은 권총을 낚아채려고 오른팔을 내밀었고 동시에 김재규는 방아쇠를 당겼다. 총탄은 차지철의 오른손 팔목을 꿰뚫었다.

"김 부장, 왜 이래, 왜 이래……."

"이거 무슨 짓들이야!"

"탕!"

차지철과 박 대통령의 고함소리는 곧이어 터진 또 한 발의 총성에 묻혀버렸다. 김재규가 자리에서 일어서면서 쏜 총탄은 박 대통령의 오른쪽 가슴 윗부분을 뚫고 들어가 등 아래쪽 중앙부위를 관통했다.[11]

박정희 대통령 저격 상황을 현장검증하는 김재규.

1961년 5·16으로부터 1979년 10·26까지 만 18년 5개월 10일 동안 절대권력을 휘두르며 군림해온 박정희 대통령은 최측근인 중앙정보부장 김재규의 총격으로 생애를 마감하고, 1인 독재도 막을 내렸다.

박정희 대통령을 제거할 기회를 노리던 김재규는 이 무렵 정보업무 수행 과정에서 무능하다는 이유로 박정희로부터 몇 차례 질책을 받은 데다, 대통령에게 올리는 보고나 건의가 차지철 경호실장에 의해 번번이 제동이 걸리는 등 박정희와 차지철에게 감정이 많이 쌓여 있었다. 마침 궁정동에서 박정희와 만찬을 함께 할 기회가 생기자 이 기회에 암살하기로 결심하고 계획을 실행할 준비를 하는 한편, 정승화 육군참모총장과 김정섭 중앙정보부 차장보를 궁정동 별관에 대기시켰다.

이날 저녁 6시 5분경 만찬이 시작되었다. 식사 중 박정희가 부마사태를 중앙정보부의 정보 부재 탓으로 돌려 김재규를 힐난하고, 뒤이어 차지철이 과격한 어조로 그를 공박하자 흥분한 김재규는 밖으로 나와 2층 자신의 집무실에서 권총을 챙겨 나온다. 그리고 다시 만찬회장으로 돌아오는 길에 직속 부하 박흥주와 박선호에게 "총소리가 나면 경호원을 사살할 것"을 지시한다. 만찬회장으로 돌아온 김재규는 7시 40분경에 차지철과 박정희에게 각각 2발씩을 쏘아 두 사람을 절명시킴으로써, 18년간의 1인 독재 정권과 유신체제를 종식시켰다. 김재규는 야수의 마음으로 유신의 심장을 쏘았다고 증언했다.

유신헌법 만든 궁정동 안가에서

김재규는 결단했다. 더 이상 거사를 미루지 않았다. 운명의 날인 10월 26일, 이날은 박정희 대통령이 충남 서산 삽교천 방조제 준공식에 이어 대북방송을 위해 지어져 중앙정보부 소관이기도 한, KBS 당진송신소 건물 준공식에 참석하기로 되어 있었다. 중정부장도 당연히 참석해야 하는 자리였으나 차지철 실장의 방해로 김재규는 참석하지 못했다.

이래저래 울분이 가시지 않고 있는데, 오후 4시경 차지철에게서 전화가 왔다. 오늘 저녁 6시 궁정동에서 '대행사'가 열리니 김 부장도 참석하라는 내용이었다. 마치 아랫사람에게 지시하는 듯한 말투였다. '대행사'는 대통령과 비서실장·경호실장·정보부장 등이 '술

시중'을 드는 젊은 여성들과 함께 참석하는 자리이고, '소행사'는 앞의 3명만이 식사하는 행사를 일컫는다. 대·소행사는 사흘에 한 번 꼴로 번갈아 열렸다.

궁정동 안가는 청와대 인근에 있으며 중정이 관리하는 곳으로, 이곳에는 중정부장의 관저가 있었다. 유신헌법을 만들 때 한태연·갈봉근 교수와 김기춘 검사 등이 비밀리에 모여 작업했던 곳이기도 했다. 유신 세력에게는 유서 깊은 이곳에서 대행사가 열리고, 차지철에게서 '대행사'에 참석하라는 전화를 받은 김재규는 이날을 거사일로 작심했다. 정승화 육군참모총장과 김정섭 중앙정보부 2차장을 별도로 식사를 하자면서 불렀다.

삽교천 방조제 준공식과 당진송신소 준공식에 참석하지 못했던 김재규는 궁정동 안가에서 박정희 대통령과 일행을 기다렸다. 하루 일정을 마친 박 대통령은 대연회 시간에 맞춰 안가에 도착했다. 궁정동 안가는 인왕산을 배경으로 자리하고 있었다. 이 안가는 김영삼 정부 시절인 1993년 3월에 헐리고, 그 자리에 무궁화동산이라는 정원이 조성되었다.

만찬장인 6평가량의 온돌방에는 직사각형 식탁이 놓여졌다. 식탁 밑은 50㎝ 정도 패어 있어 방바닥에 앉아서도 발을 아래로 내려 뻗을 수 있도록 되어 있었다. 식탁에는 이미 부침·송이구이·생채·편육 등이 조촐하게 차려져 있었고, 선SUN 담배 두 갑과 양주 시바스 리갈 2병이 준비되었다.

박 대통령이 먼저 십장생도 8폭 병풍 앞 등받이 의자에 앉자 맞은편

에 김 실장과 김 부장이 박 대통령 쪽에서 볼 때 좌우로 앉았고, 차 실장
은 김 부장의 왼쪽 모서리 측에 다소 비껴 자리를 잡았다.[12]

술자리가 시작되고 신민당 문제가 화제로 올랐다. 차지철이 중
앙정보부의 무능으로 야당과 학생들이 날뛴다고 말하자, 박정희가
"정보부가 좀 무서워야지, 비행조서만 쥐고 있으면 뭘 해. 부장이
저래서 정보부가 약하다는 소리를 듣지"라고 차지철의 발언을 감싸
면서 김재규를 질책했다. 김계원 실장이 화제를 돌리려고 애를 쓸
때 여자 2명이 들어왔다.

박 대통령은 오른쪽에 앉은 신 양(당시 한양대 연극영화과 3년)을 바라보며 "예
쁘게 생겼군. 이름이 뭐지, 나이는?"이라고 묻고는 고개를 끄덕이는 등
노여움을 푸는 모습이었다. 이어 다시 왼쪽에 앉은 가수 심 양에게 "본
本이 어디지?"라고 묻고는 "며칠 전 작고한 총무처장관(심의환 씨·22일 사망)
과 본이 같군" 하고 말했다. 〈그때 그 사람〉이란 히트곡으로 인기 절정
에 있던 심 양은 그전에도 대연회에 참석한 적이 있었고, 이날도 박 대
통령이 대령시키라고 특별히 지시할 정도였다.

기분이 다소 좋아진 박 대통령은 계속 술잔을 비웠고 빈 술잔을 주로
김 실장에게 주었다. 김 부장과 차 실장은 형식적으로 술잔을 홀짝거리
고 있을 뿐이었다.[13]

김재규는 잠시 자리를 떴다. 곧바로 약 50m 떨어진 본관 자신의
집무실로 갔다. 2층 식당에서 식사 중인 정승화 참모총장과 김정섭

중정 제2차장보에게 들렀다. '조금만 기다려 달라. 각하께서 갑자기 만찬에 참석하라 해서 조금 늦어지겠다. 곧 올 테니 먼저 식사하고 있어라'라고 말한 뒤 옆방인 자신의 집무실로 들어갔다. 낮에 꺼내 두었던 웰터 권총을 집어 들었다. 다시 한번 점검했다. 서독제 7연발 권총은 여전히 '이상 무'를 알려주고 있었다. 바지 오른쪽 라이터 주머니에 권총을 꽂았다. 김재규는 평소 라이터 주머니를 개조해 권총을 집어넣을 수 있도록 해두고 있었다.

집무실을 나서자 대기실에 있던 박흥주가 뒤를 따랐다. 건물 뒤켠을 돌아오다 박선호를 만났다. "둘 다 이리 모여." 김재규는 충직한 두 부하를 불러세웠다.

"시국이 몹시 위태하다. 나라가 잘못되면 우리 모두 죽는다. 오늘 내가 해치우겠으니 방에서 총소리가 나면 너희들은 경호원을 처치해야 한다. 불응하면 사살해도 좋다. 각오는 되어 있겠지." 김재규는 놀라는 부하에게 권총이 든 호주머니를 툭 쳐 보인 뒤 의미심장한 말을 했다. "여기 참모총장과 제2차장보도 와 있어."[14]

김재규는 다시 연회장으로 들어가 자신의 자리에 앉았다. 곧이어 그는 차지철과 박정희를 차례로 쏘았다. 이 총소리를 신호로 박흥주와 박선호가 경호원들에게 가만히 있으라고 말했으나 이를 무시하고 대항하려는 경호원 3명에게 총탄을 발사했다. 김재규는 권총이 더 이상 발사되지 않자 급히 밖으로 나가 박선호의 권총을 갖고 와서 다시 두 사람에게 총탄을 발사했다. 이렇게 박정희는 중정부

장이 쏜 두 발의 권총탄에 맞아 숨지고, 악명 높은 유신체제는 종말
을 맞이했다. 이때가 오후 7시 40분경이었다.

운명의 갈림길, 중정이냐 육본이냐

다시 역사의 현장으로 돌아가서, 이번에는 박정희와 차지철을 저
격한 다음의 과정을 김재규의 육성으로 들어보자. 1979년 10월 28
일에 합동수사본부에서 작성한 첫 '진술서'에 자신의 경력을 비롯한
거사 과정을 기록해놓았다. 여기서는 권총으로 박 대통령과 차지철
을 쏜 이후부터 벌어진 일들을 들려준다.

19시 42분경 현장을 이탈하여 맨발과 Y셔츠 바람에 집무실로 뛰어와
차량 대기실에서 "차 어디 갔어, 손님 모시고 나오라"고 외쳤습니다.

19시 45분, 본인은 본인 승용차에 육군참모총장, 김정섭 차관보, 박
흥주 수행비서와 동승하는 순간 본인이 총장에게 "큰일났소. 빨리 차에
타시오" 했다. 승차 후 차 안에서 "무슨 일입니까" 묻길래 본인은 "큰일
이 났어. 정보부로 가자"고 하자 총장이 "무슨 일이 났소" 하고 물었다.

이때 본인이 좌수 엄지 손가락으로 표시하며 우수 인지로 'X' 표시를
(각하 살해됐다는 표시) 하면서 저격당했다고 하자 총장이 "각하가 돌아가셨
습니까" 하며 묻길래 본인이 "보안 유지를 해야 한다. 적이 알면 큰일이
다"고 하면서 몹시 당황하여 경호차가 오는지 뒤를 돌아보았습니다. 총
장이 "외부의 침입이요, 내부의 일이요" 물었으나 본인은 대답하지 않았
습니다.

이때 본인은 차를 부(部, 정보부)로 가자고 하자 총장이 "육본 벙커로 갑시다" 하므로 이때 운전사는 미8군 영내를 통과하여 20시 05분 육본에 있는 B-2 벙커에 도착하여 벙커 참모총장실에 들어가 있었습니다.

본인은 김정섭 차장보에게 지시하여 청와대 실장에게 전화로 "이쪽 형편이 갈 형편이 못 됩니다" 하고 "이리 오시오, 다 끝났는데 거기 무엇 하러 갑니까. 여기 다 모였으니 총리 모시고 오시오"라고 하자 김 실장은 약간 전화를 멈추었습니다만 본인이 육군총장을 인질로 확보하고 있는 것으로 생각하고 응락하는 것 같았습니다. 그리고 전화 통화를 끝냈습니다.

그리고 총장은 상황실 방으로 왔다 갔다 하여 무슨 조치를 취하는 것 같았습니다. 그러다가 22시 30분경 김계원 비서실장, 총리, 내무, 유혁인, 법무장관 등이 도착하였습니다. 법무부 장관이 본인에게 어떻게 된 것이냐고 묻자 본인은 "지금 대통령이 유고입니다. 이것은 중대한 사태로서 경계를 강화해야 되겠고, 국내 유혈 사건도 막아야 하기 때문에 2, 3일간 보안을 단호히 유지해야 하고 각의를 열어 계엄을 선포해야 한다"고 강조하였습니다.

유병현 장군이 "위컴 대장이 미국에 가 있으니 제가 참모장에게 전달하면 됩니다. 외교부 장관이 내일 아침 미국 대사를 불러서 제가 통보하겠습니다" 했다. 이때 좀 늦게 도착한 문공장관이 "비상계엄의 사유를 어떻게 할까요" 하여 본인은 "소련의 브레즈네프가 사망한 지 여러 날이 되어도 아직 보안을 지키고 있었습니다. 우리도 보안을 지켜서 비상계엄의 사유는 유고有故로 하면 될 것입니다."

국방부 장관실로 국무총리 이하 국방부 장관과 육군총장이 자리를 옮기고 22시 55분경 본인이 김 실장을 총장실 내에 있는 화장실로 데리고 들어가 "사태 수습이 급선무입니다. 보안을 유지해야 합니다" 하여 "최단 시일 내에 계엄사령부 간판을 혁명위원회 간판으로 바꾸어 달도록 하시오"라고 말하였습니다. 22시 40분경 총장실에서 국방부 장관실로 옮겨 23시 각의를 소집하기로 결정했습니다.

유혁인(정무제1수석 비서관)이가 중앙청 근처에서 기자들이 취재 움직임이 있는 것 같다고 하여 본인이 외신기자의 보안 유지를 위해 전재덕 차장에게 전화를 걸어 체크하라고 2차장보인 김정섭에게 지시하였습니다.

10월 27일 0시 40분경 국방장관 부속실 요원이 와서 김 비서실장이 찾는다고 하여 장관실 입구 부속실로 나가보니 대기한 헌병 2명에 의해 체포당하였습니다.[15]

거사 다음 날인 10월 27일 새벽 4시를 기해 비상계엄령이 선포되고, 정승화 육군참모총장이 계엄사령관에 임명되었다. 얼마 뒤 정승화 총장이 사건 현장에 있었다는 혐의로 구속되고, 계엄사 내에 보안사령관 전두환을 중심으로 하는 합동수사본부(합수부)가 꾸려지고, 계엄사는 합수부의 지침을 받아 계엄 업무를 수행하게 되었다. 전두환이 등장하게 된 배경이다.

합수부는 사건 발생 18일 만인 11월 13일에 김재규와 김계원 등 8명을 내란목적살인 및 내란미수 혐의로 육군본부 계엄보통군법회의 검찰부로 송치했다. 김재규는 사건 직후 승용차에서 중앙정보부로 가자고 말했으나 정승화 총장이 육군본부로 가자고 하여, 육본 벙커로 갔고, 얼마 뒤 헌병에게 체포되었다. 중정이냐 육본이냐가 운명의 갈림길이 되었다.

일부의 주장대로 김재규가 권력을 장악하기 위해 실행한 거사였다면 그때 중앙정보부로 가서 사후 조처를 취하는 것이 순서였을 것이다. 그런데 아무런 준비가 없는 육본으로 가고, 결국 그곳에서 헌병에게 체포된다. 대통령을 저격한 엄중한 사태의 경황 중이라 할지라도, 보안사령관과 중앙정보부장을 지낸 사람으로서 그토록 준비 없이 결행했을까 하는 의문이 따른다. 따라서 10·26 거사가 '우발범'인가 아니면 '확신범'인가 하는 것은 재판 과정과 최후진술, 변호인들과의 면담록 등 자료를 통해 추적될 것이다.

정부 대변인 김성진 문공부 장관은 10월 27일 오전에 박정희 대통령 서거를 공식 발표했다.

박정희 대통령께서는 26일 저녁 6시경 시내 궁정동 소재 중앙정보부 식당에서 김재규 중앙정보부장이 마련한 만찬에 참석하시어 김계원 비서실장, 차지철 경호실장 등과 만찬을 드시는 도중에 김 정보부장과 차 경호실장 간의 우발적인 충돌 사태가 야기되어 김 정보부장이 발사한 총탄으로 26일 저녁 7시 50분 서거하셨습니다.[16]

정부 발표에 이어 28일 오후에는 전두환 합수부장이 중간 수사결과를 발표했다. 정부와 합수부는 '우발적 살인'이라 주장하고 있다.

김재규는 평소 대통령께 건의하는 정책에 대하여 불신을 받아왔고, 자신의 모든 보고와 건의가 차지철 경호실장에 의하여 제동을 당하였을 뿐 아니라 양인의 감정 대립이 격화되어 있었고, 업무 집행상의 무능으로 수차례에 걸쳐 대통령으로부터 힐책을 받았다. 이로 인하여 최근 요직 개편설에 따라 자신의 인책 해임을 우려하고 있던 차에 10월 26일 저녁 박 대통령, 김계원 비서실장, 차지철 경호실장과 서울 종로구 궁정동 소재 중앙정보부 안가에서 만찬 도중에 차 실장과 심한 의견 충돌을 한 뒤 밖으로 나와 권총을 찾아 들고 들어가면서 밖에 있던 부하들에게 "내가 해치울 테니 총소리가 나면 밖에 있는 경호원들을 해치우라"고 지시한 뒤 7시 35분경 방에 들어가 차 실장과 박 대통령을 쏘았다.[17]

9

군사법정의 피고인으로

민주변호사 28명으로 구성된 변호인단

계엄사령부 합동수사본부(합수부)는 사건 발생 18일 만인 11월 13일에 김재규를 비롯해 김계원, 박성호, 박흥주, 이기주, 유성옥, 김태원, 유석술 등 8명을 내란목적살인 및 내란미수 혐의로 육군본부 계엄보통군법회의 검찰부로 송치했다. 기소된 지 8일 만인 12월 4일 오전에 서울 용산구 국방부 청사 뒤편 육군본부 계엄보통군법회의 대법정에서 첫 공판이 열렸다.

공판이 열리기 전에 김재규와 피의자들은 이미 국가원수를 시해한 극악무도한 살인범으로 매도되었다. 비상계엄과 함께 통제된 언론은 합수부의 발표를 대문짝처럼 실어서 피의자들을 난자한 것이다.

합수부가 12월 8일에 발표한 「김재규의 파렴치한 사생활」이라는 보도문이다. 신문과 방송 대부분은 이 보도문의 내용을 그대로 보도했다.

김재규는 정보부장 재직 시 10억여 원의 공금을 횡령하여 땅 2만 평을 매입했고, (…) 권력기관에 있으면서 공사(公私)를 분명히 하여야 할 입장임에도 친인척에 대하여 무조건 특혜조치를 하여줌으로써 많은 비난을받고 (…) 1968년경 D 요정 주인 유부녀 J를 이혼케 하여 소실로 삼고공금을 유용하여 축첩에 탕진했으며 (…) 중정부장 공관 건물을 빌려 쓰던 중 각종 압력을 가하여 반값에 강압적으로 탈취코자 하였으나 이번사건으로 좌절되었다.

합수부는 김재규의 인격과 도덕성에 치명상을 입히는 내용을 덧붙이고 언론은 이를 그대로 보도했다. 고가의 도자기와 고서화가창고에 쌓여 있고, 미처 먹지 못한 고기가 썩어서 버려질지언정 부하들에게는 한 점도 나눠주지 않는 비인간적인 사람으로 몰았다.

값비싼 자기류, 고서화가 1백여 점에 달하여 진열이 곤란하자 그대로창고에 방치해둔 상태였고, 주방 냉동실 등에는 각종 고기류가 즐비하게 쌓여 있음에도, 신변보호차 평소 한집에서 근무하고 있는 경비요원들이나 운전사들에게는 먹이지 않고 고기가 남아 썩어서 내다 버리면서도 김재규가 먹다 남은 음식이나마 어쩌다 이들 요원이 먹는 것을 보면힐책하는 등 너무나 비인간적인 처사에 주위 사람들의 빈축이 그칠 날이 없었다.

계엄사의 합수부는 재판을 시작하기 전에 김재규를 이처럼 파렴치한으로 만들었다. 최소한의 인권도 보장되지 않았다.
언론이 합수부의 발표문을 그대로 보도한 것만도 아니었다. 《조

선일보〉는 〈만물상〉이라는 고정칼럼에서 "그런 자는 재판할 필요조
차 없지 않을까. (…) 그는 은혜를 원수로 갚고, 신뢰를 배반으로 보
답했을 뿐이다. 그 한 가지로써 그는 인간 이하로 떨어진 것이며,
개만도 못한 인간이 된 것이다. 왜냐하면 개도 주인은 물지 않는 법
이니까"[1]라고 원색적으로 비난하고, 변호인들에게 자중자애할 것
을 주문했다.

육사 생도 시절에 5·16 쿠데타를 앞장서서 지지했던, 박정희의
충직한 '정치사생아' 전두환이 주도한 합수부는 김재규를 체포하여
가혹하게 고문, 취조하고 불법적으로 재산을 탈취하는 등 온갖 폭
거를 서슴지 않았다.

전두환이 책임자로 있었던 계엄사 합수부는 김재규를 1979년 새벽 연
행하자마자, 군 작업복으로 갈아입히고, 전신을 각목으로 구타, 심지어
EE8 전화선을 손가락에 감고, 전기고문을 감행한다. 김재규가 여러 차
례 졸도했음은 물론이다.

간경변을 앓고 있었기 때문에 지혈이 안 돼 출혈로 온몸이 시뻘겋게
되었으며, 그런 가운데 그들은 재산 포기와 헌납을 강요했다. 뒤에 김재
규는 변호인을 통하여 "거기 포함된 피아노는 내가 하나밖에 없는 자식
인 외동딸에게 오래전에 사준 것이니, 나의 모든 재산을 빼앗아도 좋지
만, 그 피아노만은 제발 환수조치에서 면하게 해달라"고 눈물로 호소했
다고 한다.[2]

재판부는 재판장 김영선 육군 중장(당시 3군사관학교 교장), 심판관 유

범상 육군 소장(육군본부 감찰감), 이호봉 육군 소장(육군본부 예비군차장), 오철 육군 소장(육군보병학교 교장), 법무사(현재 명칭은 군판사) 신복현 육군 준장(육군본부 법무감)으로 구성되었다.

검찰 측은 전창렬 육군 중령(검찰부장), 이병옥 육군 소령, 차한성 육군 대위였다. 변호인단은 28명으로, 당시까지 우리나라에서 단일 사건으로는 최대 인원이 포진했다. "재석한 변호사들은 대한변호사협회장, 대법관 등을 역임했거나 민주화투쟁에 앞장선 반체제 변호사들로서 명실공히 재야 법조계를 대표한다고 해도 과언이 아닐 정도로 걸출한 인물들이었다."[3]

공판 조서에 서명한 변호사들의 면면을 살펴보면 다음과 같다.

공판 조서에는 "변호사 안동일, 신호양, 신선길, 정상용(피고인 김재규, 박흥주, 이기주, 유성옥을 위한 국선), 변호사 김제형, 김정두, 소중영, 강봉제, 민병훈, 태윤기, 이돈명, 류택형, 나석호, 안명기, 이세중, 김교창, 박두환, 강진옥, 조준희, 하경철, 이돈희, 홍성우, 황인철, 계창업(피고인 김재규를 위한 사선), 변호사 김수룡, 이병용(피고인 김계원을 위한 사선), 변호사 강신옥(피고인 박선호를 위한 사선), 변호사 태윤기(피고인 박흥주를 위한 사선), 변호사 김홍수(피고인 김태원을 위한 사선), 변호사 김성엽(피고인 유석술을 위한 사선)은 각 출석, 변호사 홍남순(피고인 김재규를 위한 사선)은 불출석"으로 기재되었다.[4]

기울어진 재판정에서도 겸손하고 당당한 모습으로

재판은 초장부터 검찰과 변호인단의 팽팽한 대결 속에서 진행되었다. 변호인단은 먼저 10월 27일 4시를 기해 선포된 비상계엄은 헌법과 계엄법에 명기된 비상계엄 선포 요건을 갖추지 못했으므로 비상계엄 선포가 유효함을 전제로 설치된 계엄군법회의에서 피고인 김재규에 대한 재판권을 행사할 수 없다는 것과, 김재규는 군인(또는 군속)이 아니며 또한 그에 대한 공소 사실은 비상계엄이 선포되기 전에 이루어진 것이므로 계엄 선포 이전의 민간인 행위에 대해 군법회의가 재판권을 행사할 수 없다는 주장을 폈다.

그러나 변호인단의 합리적인 문제 제기는 받아들여지지 않았다. 게다가 재판정에는 비밀 녹화장치가 설치되어 있어서 건건마다 합수부의 지침에 따라 진행되었다. 심지어 변호인들의 '김재규 장군'이라는 호칭도 법무사가 나서서 경고한다고 으름장을 놓을 만큼 '기울어진 법정'이었다.

재판 자체도 보안사를 중심으로 구성된 합동수사본부의 지침에 따라 진행됐다. 군사법정의 진행상황은 유신체제 아래서 중정에 파견됐던 공안검사들에 의해 면밀히 청취되고 시나리오가 짜여졌다. 이들이 재판정의 막사 뒤에서 그때그때 지침을 적은 쪽지를 보냈다. 그래서 이 군사재판에 대해 '쪽지재판'이라는 비아냥이 나돌기도 했다. 이는 10·26 사건의 군사재판이 구체제 타도자에 대한 체제수호세력의 단죄를 위한 각본에 불과한 것이었다는 증거였다. 역사적 전환기를 가져온 사건의 원인과 의미를 가리는 순수한 재판이 될 수가 없었다.[5]

김재규는 검찰의 무례한 언사나 재판부의 고압적인 행동에도 불구하고 시종 차분하고 당당하게 진술했다. 처음에는 국선변호인으로 지정되었다가 김재규의 담당 변호인으로 10·26 사건의 역사적 재판을 처음부터 끝까지 지켜보았던 안동일 변호사의 목격담을 들어보자.

4차 공판에 이르기까지 김재규의 법정 태도는 매우 차분하고 겸손하면서도 무척 당당하게 보였다. 모든 진술에 있어 한 치의 빈틈도 없이 논리적이고 장내를 압도하는 힘이 있었다. 검찰관과 재판부로부터 한쪽으로만 몰아붙이는 듯한 신문을 받아도 자세 한 번 흩트리지 않고, 용어 하나하나에 신경 쓰면서 준비된 설교처럼 대응하였다. 특히 범행 동기를 설명하는 대목에서는 조금도 주저하거나 위축됨이 없이 더더욱 소신껏 진술하였고, 그의 입에서 쏟아지는 말들은 어느 것이나 우리를 경악시키기에 충분하였다.[6]

12·12 하극상, 그리고 초고속으로 진행된 재판

기울어진 재판정에서 1심 재판이 진행 중이던 12월 12일, '박정희의 정치적 사생아'로 불리는 전두환 일당이 군의 하극상 사태를 일으키고 군권을 장악했다.

육사 11기 출신의 '정치군인'들은 박정희 정권 시대에 청와대경호실, 보안사, 수경사, 특전단 등 수도권 핵심 부서에서 독재자의 비호 아래 세력을 키워왔다. 이들은 10·26 사태 이후 군부 일각에서 "차제에 정치군인을 제거해야 한다"라는 주장이 제기되고, 정승화

참모총장이 계엄사령관에 취임하면서 곧바로 수도권 지역 군부 주요 지휘관을 자파 세력으로 개편하자, 이에 불만을 품고 국군보안사령관 겸 합동수사본부장인 전두환 소장을 중심으로 쿠데타를 모의하기 시작했다.

전두환 중심의 '하나회' 출신인 이들 정치군인들은 11월 14일에 전두환이 공석이던 중앙정보부장서리에 취임해 내각에 합법적인 영향력을 행사하게 되면서 본격적으로 쿠데타를 모의했다. 그리고 그 전 단계로 12월 12일에 정승화를 체포함으로써 군권을 장악했다.

12·12 하극상을 통해 군권을 탈취한 신군부 세력은 13일 새벽부터 국방부, 육군본부, 수경사 등 국방 중추부를 차례로 장악하고, 각 방송국·신문사·통신사를 점거해 자신들의 통제하에 두었다. 이들은 정승화를 비롯해, 그의 추종 세력인 3군사령관 이건영, 특전사령관 정병주, 수도경비사령관 장태완 등을 1980년 1월 20일 자로 모두 예편시켰다. 이후 정승화에게는 징역 10년형을 선고했다. 군권을 장악한 전두환 세력은 거칠 것이 없었다.

전두환 신군부의 12·12 군권 탈취 사건으로 재판정은 더욱 기울어졌다. 재판 진행 속도도 빨라졌다. 공판이 시작된 지 불과 14일 만인 12월 18일 제9회 공판을 마지막으로 사실심리·증인신문·증거조사 등을 모두 마치는 초고속 재판이었다. 중앙정보부장의 국가원수 살해라는 엄청난 사건이고, 피의자가 8명이나 되는 대형 사건인데, 재판은 초고속으로 진행되었다.

이날 공판에서 검찰은 김재규, 김계원, 박선호, 박흥주, 이기주,

유성옥, 김태원 피고인에게 사형을 구형했다. 궁정동에서 김재규가 사용했던 권총을 땅에 파묻은 유석술 피고인에게는 징역 5년을 구형했다.

재판부는 다른 피고인들이 최후진술을 마치고 마지막 김재규의 진술이 시작될 때 10분간 휴정을 선언하고 방청객을 모두 내보냈다. 변호인과 김재규 피고인 가족 4명만을 남게 했다. 그가 최후진술에서 국가기밀을 공개할 우려가 있다는 이유에서였다. "그의 최후진술은 논리정연했고 막힘없이 흘러나왔다. 사형을 눈앞에 둔 피고인이 혼신의 힘을 다해 토해내는 웅변, 바로 그것이었다."[7]

여기서는 최후진술의 주요 부분을 세 차례 나눠 소개한다.

김재규의 최후진술 ①: 10·26은 민주혁명이다

먼저, 김재규는 10·26을 혁명이라 지칭하면서 건국이념이고 국시인 자유민주주의를 회복하기 위한 거사가 어떻게 내란죄냐고 묻는다. 10·26 혁명으로 자유민주주의는 완전히 회복되었고, 10·26으로 긴급조치 9호가 해제되었으니 혁명이 성공했다고 말한다. 또 자유민주주의의 회복을 위해서는 박정희 대통령이 희생될 수밖에 없었으나, 이는 가슴 아픈 일이라며 그의 죽음을 안타까워한다. 그리고 자신의 생명을 구걸하기 위해 최후진술을 하는 게 아니며, 대장부로 태어나서 죽을 수 있는 명분을 찾은 것은 오히려 죽음의 복을 잘 타고난 것이라고 말한다.

이 혁명이 어떻게 내란죄의 심판을 받아야 합니까? 오늘날 자유민주주의는 우리 대한민국 전체 국민 남녀노소 할 것 없이 3,700만이 다 같이 갈구하고 있습니다. 이것을 회복시키는 데 어찌하여 내란죄의 적용을 받아야 되느냐는 생각이 듭니다. 또 10·26 혁명은 순수하고 깨끗합니다. 집권욕이나 사리사욕이 있는 게 아닙니다. 오로지 자유민주주의를 회복하겠다는 일념에서 이루어진 것입니다. 이 혁명의 결과 자유민주주의는 완전히 회복되었고, 보장되었습니다.

최 대통령께서는 권한대행 시절에 국민 앞에 공약을 했습니다. 현 대통령의 자리를 임기를 다 마치지 않고 도중에 그만두겠다고 하였는데, 이는 '과도정부'를 의미하는 것이고, '과도'라는 것은 자유민주주의로 이행해가는 과도기를 의미합니다. 따라서 10·26 혁명의 목적은 완전히 달성되었습니다.

뿐만 아니라 국회에서 긴급조치 9호를 해제했습니다. 10·26 혁명이 없었던들 이런 일이 어떻게 일어날 수 있었으며, 꿈이라도 꿀 수 있는 일입니까? 이 또한 이 혁명의 성공을 입증하는 것입니다.

10·26 혁명은 5·16 혁명이나 10월 유신에 비해 정정당당한 것입니다. 허약한 민주당 정권을 무력하다는 이유로 밀어치우는 것과 집 앞마당에서 자유민주주의를 말살한 것에 비하면, 서슬이 시퍼렇고 막강한 힘을 갖고 있는 유신체제를 정면에서 도전하여 타파하는 데 성공한 것입니다. 그리하여 민주회복 국민혁명은 완전히 성공했습니다. 10·26 혁명이야말로 역사상 가장 정정당당한 혁명이라고 생각합니다.

물론 무혈혁명이 가장 이상적입니다. 그러나 무혈로 혁명의 목적을 달성할 수 없을 때는 최소한의 희생은 부득이한 것입니다. 이번 혁명에서 최소한의 희생은 불가피했습니다.

여러분도 아시다시피, 박정희 대통령 각하께서는 자유민주주의 회복과 자신의 희생과를 숙명적 관계로 만들어놓았기 때문에, 자유민주주의의 회복을 위해서는 각하께서 희생되지 않을 수가 없게 되어 있었습니다. 대통령 각하를 잃은 것은 매우 가슴 아픈 일이고 마음 아픔을 비할 데가 없습니다.

그러나 유신 이후 7년이 경과되었고, 영구 집권이 보장된 오늘날 박대통령이 살아 있는 한, 20년 내지 25년 내에는 최소한 자유민주주의 회복이 안 된다고 볼 때, 가슴 아프지만 국민들의 희생을 막기 위하여 이 혁명은 필연성이 있는 것입니다.

지금 우리들 모두 감상적이고 감정이 몹시 앞서 있기 때문에 사리 판단에 있어서 지나치게 판단하기 쉽습니다. 저에 대한 내란죄 심판도 그런 까닭이라고 생각합니다. 따라서 우리는 감상이나 감정에 사로잡히지 말고 정치 현실은 정치 현실대로, 감상은 감상대로 냉정히 판단해서 엄연히 구별해야 합니다.

저는 법을 잘 모르지만, 때나 경우를 가리지 않고, 공정한 법을 적용하기 위해 판례를 매우 중요시한다고 생각합니다. 저는 저 스스로의 생명을 구걸하기 위해 최후진술을 하는 것은 결코 아닙니다. 오히려 대장부로 태어나서 제가 죽을 수 있는 명분을 찾은 것으로 죽음의 복을 잘 타고난 사람이라고 생각합니다. 다시 말해서 저는 오늘 죽어서도 영생할 수 있다는 자부가 있기 때문에 조금도 생명을 구걸할 필요가 없습니다.

김재규의 최후진술 ②: '5·16이 남긴 쓰레기 설거지하고자'

김재규는 법정진술에서 고향 선배이며 직속상관인 박정희를 시종 '각하'라고 호칭하고, 그의 사생활과 관련해서는 일절 말을 꺼내지 않았다. 오히려 부하인 박선호가 변호인의 신문을 받고 소행사·대행사의 내막을 진술하려 하자 이를 제지하기도 했다. 그는 오로지 자신의 거사가 민주주의 회복을 위한 것이었음을 주장했다.

이날 오후 6시 반부터 시작한 최후진술에서 "김 피고인은 물을 한 컵 청해 마시고 정성껏 다듬은 문장과도 같은 최후진술을 전개해나갔다. 메모를 준비하지 않은 채 30여 분간 이어진 웅변을 통해 그는 '10·26혁명'의 의의와 불가피성을 설득력 있게 정리해놓았다."[8]

김재규는 10·26혁명의 목적을 상세히 이야기하고, 자신은 결코 대통령이 되려는 생각이 없음을 강조했다. 다음은 최후진술의 중간 부분이다.

이승만 대통령과 박정희 대통령을 비교하면, 이승만 대통령은 그만둘 때 그만둘 줄 알았으나 박 대통령은 많은 국민이 희생되더라도 끝까지 방어를 해낼 사람으로 그만둘 사람이 아닙니다. 많은 희생자가 나도 자유민주주의는 회복되지 않습니다. 본인은 이를 알기 때문에 유신체제를 지탱하는 지주支柱 역할을 담당한 사람이지만, 더 이상 국민들이 당하는 불행을 방관할 수가 없어 이 사회의 모든 모순된 문제들을 해결하기 위해 뒤돌아서서 그 원천을 두드려 부순 것입니다.

저의 10·26 혁명의 목적을 말씀드리자면 다섯 가지입니다.

첫째는, 자유민주주의 회복입니다.

둘째는, 국민의 보다 많은 희생을 막는 것입니다.

셋째는, 궁극적으로 적화방지赤化防止에 목적이 있습니다.

넷째는, 혈맹이요 우방인 미국과의 관계가 건국 이래 가장 나쁜 상태이므로, 이 관계를 완전히 회복해서 돈독한 관계를 가지고 국방을 위시해 외교, 경제까지 보다 적극적인 협력을 통해 국익을 도모하자는 것입니다.

다섯째는, 국제적으로 독재국가라는 나쁜 이미지를 씻고 국제사회에 이바지하여 이 나라 국민과 국가의 국제사회에서의 명예를 회복하자는 것입니다.

그런데 이 모두가 10·26 혁명의 결행으로 해결이 보장되었습니다. 여기서 제가 한마디 확실히 해둘 것은 저는 결코 대통령이 되려는 목적이 없다는 점입니다. 저는 군인이요, 혁명가입니다. 군인이 정권을 잡으면, 독재자가 될 우려가 있습니다. 독재를 마다하고 혁명을 한 사람이 다시 독재의 요인을 만들겠습니까? 각하와의 개인적 의리를 청산하고 혁명했습니다만, 각하의 무덤 위에 올라설 정도로 저의 도덕관이 그렇게 타락되지 않았습니다.

혁명의 결행은 성공했습니다만, 혁명 과업을 손대지도 못한 채, 50여 일이 흘렀습니다. 혁명 결행에 못지않게 혁명 과업 수행이 중요합니다. 장장 19년 동안 이 나라에는 많은 쓰레기가 꽉 들어찼습니다. 이런 쓰레기를 설거지하지 않고 어떻게 하겠습니까? 증권파동 등 4대 의혹 사건은 국민을 우롱했으며, 국민의 재산권을 침해한 행위로서 많은 치부를 하고도 아무도 책임지지 않았습니다. 이것은 곧 6·3 사태를 불러일으켰습니다. 그 당시 저는 사단장으로 서울에 나와서 사태를 진압하는 지휘관이었습니다. 그래서 그때 상황을 역력히 기억하고 있습니다. 지금까지 그때 치부한 돈 한 푼도 정부에서 환수한 일이 없습니다. 이래 가지고도 이 사회에 정의가 살아 있다고 할 수 있습니까? 이런 것들을 설거지하지 않고도 자유민주주의를 출범시켜서 순조롭게 가겠습니까?

지금은 우리나라에 핵심이 없습니다. 각하께서 돌아가시고 나서 핵심이 없어져버렸습니다.

이 상태가 가장 어려운 상태이고, 가장 위험한 상태입니다. 4·19 혁명 이후와 비슷합니다. 주인이 없습니다. 이런 상태로 자유민주주의가 출범하게 되면, 힘센 놈이 밀면 또 넘어갑니다. 악순환이 계속됩니다. 이것을 막는 길은 오로지 민주회복을 지도한 저만이 할 수 있다고 생각했습니다. 저는 군의 주요 지휘관들과 협력해서 자유민주주의를 출발시켜놓고, 이것을 보호하는 데 제 역할이 있다고 생각했습니다.

김재규의 최후진술 ③: '저에게 극형, 부하들은 살려주길'

김재규의 부하들에 대한 애정은 남달랐다. 평소 인간적 신뢰가 있었기에 그들은 거사 당일 사전 모의가 없었는데도 말 한마디에 거침없이 죽을 자리에 뛰어들었을 것이다. 최후진술에서도 자신은 죽이더라도 명령에 따랐을 뿐인 부하들은 살려줄 것을 간절히 호소했다. 최후진술의 마지막 대목이다.

또 입법부에 말씀드리고 싶습니다. 진정 민의를 대변하는 국회라면 국민의 갈망을 받아들여 10·26 혁명 지지 결의를 해야 한다고 봅니다. 만약 이렇게 하지 않는다면 자유민주주의 회복을 위해 무엇을 했느냐고 물어보고 싶습니다. 그동안 긴급조치 9호 해제를 결의했지만, 지엽적인 일입니다. 더 긴급한 것은 자유민주주의 회복뿐이므로 자유민주주의 회복결의가 더 원천적인 일이라고 생각합니다.

저는 지금 모든 것을 체념하고 가만히 눈 감고 생각하면, 저의 혁명이 원인이 되어 혼란이 오고 국기마저 흔들릴 요인이 생길까봐 몹시 걱정이 됩니다.

최 대통령에게 지금도 말씀드리고 싶습니다. 감상에 사로잡혀 있지 말고 정치는 냉혹한 것이니 제가 아무리 밉더라도 밉다고 생각지 말고 저를 끌어내어 저와 같이 혁명과업을 수행합시다. 저와 함께 국가의 핵을 만들고 중심 세력을 만듭시다. 국가의 장래를 반석 위에 올려놓읍시다. 이러한 이야기가 현재 분위기로 보아 받아들여질 리 없다고 생각합니다만, 진정 나라의 장래를 걱정한다면 감정을 초월해서 이성으로 돌아가 냉혹하게 정치 현실을 전망하여 국사를 그르치는 일이 없기를 바랍니다.

재판부에 말씀드립니다. 연일 공판에 매우 피곤하실 텐데도 장황한 이야기를 경청해주셔서 고맙습니다. 이 세상을 하직하고 가더라도 여러분에 대한 고마움을 간직하고 가겠습니다.

저는 오늘 마지막으로 자유민주주의 회복을 20~25년 앞당겨놓았다는, 누구와도 바꿀 수 없는 자부심을 가지고 갑니다.

대한민국의 발전이 잘되도록 기원합니다. 대한민국의 앞날에 '자유민주주의 만만세'를 기원하고, '10·26 민주혁명 만만세'를 기원합니다. 다만 제가 이 세상을 빨리 하직함으로써 자유민주주의가 이 나라에 만발하는 것을 보지 못하고 가는 그 여한이 한량없습니다. 그러나 이미 모든 것이 기약되어 있기 때문에 제가 못 보았다뿐이지 틀림없이 오기 때문에 저는 웃으면서 갈 수 있습니다. 저의 소신에 의한 행동이니 그에 알맞은 형벌을 내려주시기 바랍니다.

끝으로 저의 부하들은 착하고 양같이 순한 사람들입니다. 너무 착하기 때문에 저와 같은 사람의 명령에 무조건 철두철미하게 복종했으며, 또 그들에게 선택의 여유나 기회를 주지 않았습니다. 그들 입장에서 볼 때 죄를 지었고, 저의 입장에서는 혁명을 했습니다만, 그러나 모든 것은 저에게 책임이 있습니다. 많은 사람을 희생시킨다고 해서 법의 효과를 얻는다고 생각하지 않습니다. 저 하나 중정부장을 지낸 사람이 총 책임을 지고 희생됨으로써 충분합니다. 저에게 극형을 내려주시고 나머지 사람들에게는 극형만은 면해주시기를 바랍니다.

특히 박 대령은 단심單審이라 가슴이 아픕니다. 매우 착실한 사람이었고, 가정적으로도 매우 모범적이고 결백했던 사람입니다. 청운의 꿈을 안고 사관학교에 지망했고, 지금 선두로 올라오는 대령입니다. 군에서는 더 봉사할 수 없겠지만, 사회에서 더 봉사할 수 있도록 극형만은 면하게 해주시기를 간곡히 부탁드립니다. 두서없는 말을 장황하게 해서 죄송합니다. 이것으로 마치겠습니다.[9]

10

피고인 김재규를 사형에 처한다

가족들의 눈물과 탄식이 쏟아진 법정

최후진술이 끝나고 구형공판에 이어 12월 20일 오전 11시에 제1심 선고공판이 열렸다. 재판을 시작한 지 16일 만이었다. 변호인단이 선고공판을 미뤄보려고 온갖 노력을 기울였지만 다 허사였다. 군권을 장악한 전두환 신군부는 정권탈취를 최종 목표로, 김재규 등을 하루빨리 처형한다는 시나리오를 갖고 있었고, 군사재판부는 그들의 하수인 노릇에 충실했다.

김영선 재판장이 목소리를 깔고 "79보군형공 제88호 내란목적살인 등 사건에 대하여 판결을 선고한다. 피고인 김재규를 사형에 처한다"라고 극형을 선고했다. 검찰이 구형한 그대로였다.

재판장은 양형 이유를 설명했다. "국내외적으로 국가가 위기에 처한 시점에서 국가 원수를 시해한 것은 명백한 대역 행위로 어떠한 명분으로도 정당화될 수 없기 때문에 내란 행위에 가담한 전 피고인들에게 극형을 선고한다."

재판부가 피고인들에게 극형을 선고하면서 내세운 '양형 이유'는 법관으로서는 기본도 갖추지 못한 용어를 쓰고 있었다. 우리나라 형법에는 '대역죄大逆罪'나 '시해弑害'라는 법률 용어가 없다. 그에 해당하는 '외환죄'나 '내란죄' 혹은 '살인죄'라는 용어가 있을 뿐이다. 그런데도 '대역죄'와 '시해' 따위의 왕조시대 용어까지 동원한 것은, 10·26 거사의 반역성을 드러내고자 하는 의도였다고 볼 수 있다. '반국가 대역 행위' 운운은 검찰의 논고에서 이미 씌워졌다. 따라서 유신체제와 이를 창도한 박정희의 반민주성을 역설적으로 입증하고 있음을 보여준다.

재판장이 김재규를 비롯해 피의자들에게 사형을 선고할 때 이를 지켜본 안동일 변호사는 당시 재판정의 모습을 다음과 같이 기록했다.

이미 극형을 예측한 듯 체념한 자세로 피할 수 없는 마지막 순간을 기다리던 피고인들은 일순 표정이 굳어졌다. 초췌한 얼굴에는 경련이 일었으나, 방청석의 가족들은 막연한 기대마저 무너지자 고개를 숙인 채 눈물과 탄식을 쏟아냈다.

귀에다 손바닥을 대고 재판장의 판결을 경청하던 김재규는 사형이 선고되는 순간에도 흐트러지지 않은 자세로 재판장을 응시했다. 여전히 수염이 덥수룩한 채 병색이 짙은 검은 얼굴에 눈은 충혈되어 있었다. 흰색 한복에 검은 고무신과 털양말도 그대로였고, 두 손을 무릎에 얹은 자세도 구형 공판 때와 변함이 없었다. 이따금 마른기침을 했고, 길게 자란 머리칼을 쓸어 올렸다. 카메라 기자를 위하여 가끔 얼굴을 돌려주기도 했다.[1]

김재규는 10·26 거사 직후 전두환이 보낸 헌병들에게 체포되어 보안사령부 서빙고 분실로 끌려가 초주검이 되도록 지독한 고문을 당했다. 그리고 특별감방에 수감되어 수사를 받다가 세간에서 '남한산성'으로 불리는 남한산성 서쪽에 자리 잡은 육군교도소로 옮겨 재판을 받았다. 민간 신분인데도 육군교도소에 수감되었다.

그는 또렷한 정신으로 최후진술을 하고, 사형선고에도 흐트러지지 않는 자세를 보였지만, 육신은 보안사의 서빙고 분실에서 당한 고문으로 이미 만신창이가 되었다.

서빙고에서 얼마나 '골병'들게 상처를 받았는지 온몸이 피하출혈로 시뻘겋게 되었고, 뇌출혈이 발생하는 등 사형집행 전에 이미 '산송장'이 되어 있었다. 김재규 부장을 면회 갔던 6촌 여동생 김차분 씨는 김 부장의 손을 잡아 보았는데 그의 손바닥은 "검은 잉크로 온통 문신을 새긴 듯 새까맣고, 군화 바닥처럼 딱딱하여 사람의 손바닥이 아니었다"고 말했다.

김차분 씨가 김재규 부장에게 "손바닥이 왜 이러느냐?"고 물었더니, 김 부장은 "고문을 받아서 이렇게 되었다"고 답했다. 김차분 씨는 고개를 들고 천장을 쳐다보니 천장에는 두 사람이 앉아 있었고 녹음기 같은 것이 돌아가고 있었다고 증언했다.[2]

7명의 사선변호인단의 항소심 준비

변호인단은 항소를 서둘렀다. 1심 때까지 국선변호인이었던 안동일 변호사는 12월 29일에 육군교도소로 가서 김재규를 접견할 때, 이

제부터는 사선변호인이 되어달라는 제안을 받았다. 국선변호인으로서 사심 없이 변론하는 모습에 김재규가 감동했기 때문이다. 안동일 변호사가 10·26 이후 충격으로 쓰러져 입원 중이던 부인 김영희의 건강이 많이 회복되고 있다는 소식을 전하자, 김재규는 "제일 보고 싶다. 건강에 주의해달라. 어머니를 잘 돌봐주세요. 동요하지 말고, 의연한 자세로 혁명가 집안답게 살아가세요. 궁색하거나 목숨 구걸하는 추한 꼴을 보이지 말길 바랍니다. 앞으로 더욱더 절약해서 살아주시오"[3]라고 부인에게 전해주길 당부했다.

이 자리에서 김재규는 또 서빙고 분실에서 고문을 받고 정신이 혼미한 상태에서 작성했던 재산포기서에 포함되었던 딸의 피아노를 제외시켜줄 것을 부탁했다. 이 피아노는 오래전 외동딸의 생일 선물로 사준 것이었기 때문이다.

불교 신자인 김재규는 옥중에서 산복숭아씨로 만든 단주短珠를 만지며 묵상으로 심신을 달래었다. 그리고 접견 온 강신옥 변호사에게 "이 재판을 정치적 목적으로 이용하려는 사람 말고 제 뜻을 이해하고 순수한 동기를 가진 사람들로 변호인을 선정해달라"라고 요청했다. 안동일 변호사에게도 했던 말이었다. 이렇게 하여 김제형, 이돈명, 강신옥, 조준희, 홍성우, 황인철, 안동일 등 7명이 항소심 사선변호인단으로 구성되었다.

변호인단은 마감일에 맞춰 「항소이유서」를 준비했다. 검찰 측이 초고속으로 밀어붙이는 재판 일정을 다소라도 늦추기 위해서였다. 그러나 「항소이유서」가 법원에 제출되기도 전에 공판기일통지서가 송달되었다. 관례는커녕 일반 상식에도 맞지 않는 억지였다. 변호인단은 밤을 새워 122쪽에 이르는 「항소이유서」를 작성했다. 다음은 그 한 대목이다.

평소 피고인의 성격은 무관이라기보다는 오히려 문관적인 면이 있습니다. 그가 실제로 사용하지는 않았으나, 아호로 지어놓은 것이 '수리水理'였던 것처럼, 그는 물 흐르는 이치와 같이 순리적으로 모든 일을 생각하기를 좋아하였고, 심지어 군인이면서도 살생을 금기로 삼아왔을 정도였습니다. 부하에게 지시할 때도 무리하거나 강경한 자세보다는 설득과 이해의 방법을 택해왔습니다.

독실한 불교신자로서 한때는 교편을 잡았고, 시와 서예를 좋아하여 천품은 문관적인 성격이면서도 마음속에 타고 있는 불덩이 하나 '정의감'만은 누구보다도 강렬하였습니다.

그리하여 어느 누구도 감히 엄두도 내지 못하는 10·26 민주회복 국민혁명을 그만이 결행할 수 있었다고 자부하고 있는 것입니다. 그는 자유민주주의를 회복하고 이 나라를 구하는 길에 10·26 혁명 이외의 다른 어떤 방법이 있다면 제시해보라, 만약 다른 방법이 있을 수 있다면 나는 입을 다물고 죽겠다고 절규하고 있습니다.

지금 그는 조용히 산복숭아씨로 만든 단주를 왼손에 쥐고 관세음보살을 음미하면서 성불成佛의 경지에 이르고 있습니다. 오직 이 나라 이 민족의 먼 장래를 가늠하면서 자유민주주의의 꽃이 피고 열매 맺기를 기원하는 단 하나의 소망을 안은 채 그 자신 희생되어도 영생할 수 있음을 그는 알고 있습니다.[4]

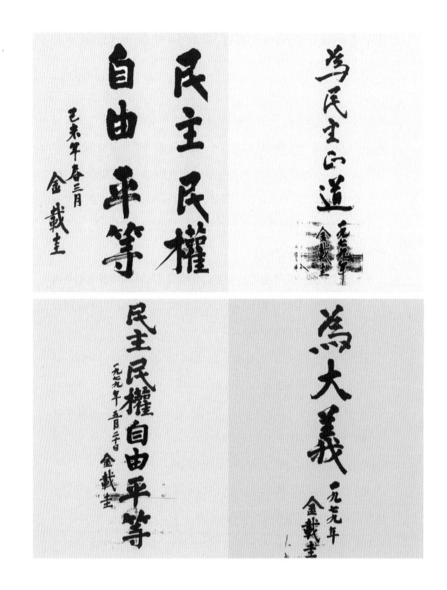

김재규가 쓴 붓글씨.

김재규는 자신의 거사가 권력욕이 아니라 어디까지나 민주회
복에 있었음을 알리고자 했다. 1979년 11월 30일 변호인 접견 때
"10·26 민주회복 국민혁명 지도자 김재규"의 이름으로 〈나와 자유〉
라는 시를 지어 어머니에게 전해달라고 한 데서도 '민주회복'의 의
도를 짐작할 수 있다.

나를 만일 신이라고 부를 때는
자유의 수호신이라고 부르겠지
나를 만일 사람이라고 부를 때는
자유대한의 국부라고 부르겠지
나 내 목숨 하나 바쳐
독재의 아성 무너뜨렸네
나 내 목숨 하나 바쳐
자유민주주의 회복하였네
나 사랑하는 3,700만 국민에게
자유를 찾아 되돌려 주었네
만세 만세 만만세
10·26 민주회복 국민혁명 만만세
10·26 민주회복 국민혁명 만만세.

10·26 민주회복 국민혁명 지도자 김재규[5]

변호인 신문, '혁명이란 어떤 뜻인가?'

1월 22일, 김계원·김태원에 대한 사실 심리로 항소심 공판이 시작되었다. 1심 때와 같은 법정이고, 재판부는 바뀌었다. 육군본부 계엄고등군법회의 재판부는 육군 중장 윤흥정, 심판관 육군 소장 소준열, 법무사 육군 중령 김진홍, 법무사 육군 중령 양신기, 간여 검찰관은 육군 중령 김익하, 육군 소령 이병옥이었다.

1월 23일의 2차 공판에 이어 24일 3차 공판에서 김재규에 대한 항소심 심리와 변론, 최후진술이 진행되었다. 함께 기소된 다른 피의자들의 공판에 김재규도 출정하여 신문을 받았음은 물론이다. 이날 변호인단을 대표하여 강신옥 변호사가 나서서 진행된 김재규 신문 내용 중 몇 대목이다.

"1심에서 긴급조치 해제를 건의했다고 했는데 몇 번이나 건의했나요?"

"1978년도에 세 번 건의했으며, 10·26 전까지 외국에서 보도된 우리나라 체제에 관한 비판은 일일이 보고하고 해제 건의를 했습니다."

"외국 보도를 어떤 방법으로 건의했나요?"

"중앙정보부 안에 국제문제연구소가 있습니다. 세계 주요 신문, 잡지를 포함한 정기 간행물이 전부 입수되는데, 전문가들이 보고 유신체제에 대한 비판이 실리면 발췌 번역하여 참고하시라고 계속 보고했습니다. 무슨 방법으로든지 해결해보려고 1년 전에 대통령 선거를 통일주체국민회의에서 하지 말고 직선해도 충분히 당선된다고 했으나 손톱도 들어가지 않았습니다. 긴급조치 해제와 유신체제를 고쳐보기 위해 무한히 노력했습니다. 저는 순리대로 일하기를 원합니다. 군에 있을 때도 그랬지만 무리한 일이나 횡포를 싫어합니다. 결국 무슨 방법으로든지 고쳐 보려고 했으나 결과적으로 하지 못했습니다."

"피고인의 생각으로는 혁명이란 어떤 뜻인가요?"

"금번 10·26 민주회복 혁명은 이름 그대로 비민주주의적인 유신체제를 철폐하고 자유민주주의 체제로 환원하는 것입니다. 자유민주주의는 우리나라의 건국이념이며 국시인데, 5·16 후에 자유민주주의가 무너졌고, 10월 유신으로 자유민주주의가 끝장났기 때문에 10·26은 자유민주주의를 회복하는 혁명입니다. 그런데 저는 지금 내란목적살인죄로 기소되어 재판을 받고 있다는 것이 이해가 가지 않습니다. 건국이념과 국시에 맞을 뿐, 제가 공산주의를 하자고 한 것도 아니지 않습니까?"

"대통령으로부터 긴급조치를 해제해야 되겠다는 말이 있었나요?"

"아는 바 없고, 그런 일도 없었습니다."

그가 건의했으나 유신체제를 바꿀 수 없었고, 긴급조치가 유신체제의 방어수단이었으므로 대통령은 전혀 해제할 생각이 없었다는 것이다. 김재규가 한마디 덧붙였다.

"여기 있는 사람들도 자유민주주의를 희망하지 않는 사람은 한 사람도 없다고 봅니다."

자유민주주의를 희망하지 않는 사람은 박정희 대통령 한 사람뿐이라는 말이었다.

"피고인은 중앙정보부장으로 근무 중 긴급조치 사범을 처리하는 과정에서 많은 고충이 있었다는데 사실인가요?"

"이율배반이었습니다. 한쪽으로는 시행 안 할 수 없었고, 시행하자니 정당한 일을 한 사람을 처벌하는 것이 마음이 아팠습니다. 900여 명의 학생들이 긴급조치 위반으로 제적되었고, 날이 갈수록 그 수는 늘어났으며, 이런 모순 사회가 되어서는 안 되겠기에 결국은 중앙정보부장이란 중책을 가진 사람이 이런 혁명을 아니할 수 없었습니다. 제 심정을 정당히 평가해주십시오."

"지금 심정은 어떠한가요?"

"지금 영어囹圄의 치욕보다 빨리 죽었으면 합니다. 그러나 명색이 중앙정보부장으로 자유민주주의를 회복한 혁명을 했는데, 죽는다면 앞으로 계엄이 해제될 때 틀림없이 데모가 일어나고, 제 죽음이 그 데모의 이슈가 되어 사회가 혼란해지고, 그러면 북괴는 위장평화 공세로 나올 것입니다. 미국도 대통령 선거 전에 정책 발표가 있을 것인데, 한시적으로는 우리나라를 멀리할 것입니다. 이렇게 되면 어떻게 대처할지 걱정스럽습니다.

지금 저는 재판을 받고 있으나 재판받을 수 있는 대상이 되지 않으며 심판을 받는다면 국민의 심판 대상일 뿐입니다. 저는 이렇게 생각합니다. 저의 재판은 정치적인 면이 큽니다. 내가 죽고 나라가 잘된다고 생각되지 않습니다. 앞으로 나라가 잘되어야만 10·26 혁명이 민주주의 역사에 남을 것인데, 그렇게 되지 않고 자유민주주의를 회복해놓고도 제가 나라를 망하게 만들어놓았다고 한다면 땅속에서도 눈을 감을 수 없겠습니다."[6]

접수되지 않은 「항소이유보충서」

변호인단은 항소심이 사실 심리와 증거 입증의 마지막 기회이므로 힘을 모아 열정적으로 대처했다. 재판정에서 연장자이며 법조계의 원로인 김계형 변호사가 대표변론을 통해 김재규의 10·26 거사의 역사적 의미를 설파하고, 이 사건으로 유신체제가 무너지게 되었으며, 한국 사회가 크게 변화되고 있음을 역설했다.

또한 변호인단은 「항소이유보충서」를 작성하여 계엄고등군법회의에 제출했지만, 사전에 양해했음에도 불구하고 재판부는 접수하지도 않은 채 판결 선고를 강행했다. 이 역시 상식과 관례를 무시한 처사였다.

「항소이유보충서」는 비록 항소심 판결에는 아무런 영향을 미치지 못했으나 상고이유서 작성 때 참고가 되었다. 몸이 불편한 김재규가 옥중에서 직접 쓰지 못하고 구술한 것을 황인철 변호사가 받아 쓰고, 작성된 문안을 김재규가 가다듬어 완성한 것이다. 「항소이유보충서」 중 고문당한 사실, 박근혜와 박지만 관련 부분은 앞에서 소개한 바 있으므로 여기서는 생략하고 살펴본다.

⑴ 첫 번째 단락에서는 10·26 혁명이 자유민주주의의 회복을 위한 혁명인 점을 강조하였다.

① 10·26 민주회복 국민혁명의 필연성

유신체제를 철폐하고 자유민주주의를 회복하는 것이야말로 우리나라의 국시에 맞는 일이고, 건국이념을 되살리는 일이다. 전 국민은 물론 미국 등 우방이 모두 열망하고 있었다. 만일 이를 하지 않고는 북괴와 싸워 이길 수 없고, 궁극적으로 적화될 수밖에 없었음이 분명한 이상 본인이 결행한 10·26 혁명은 필연적이고 불가피한 것이었다.

② 10·26 혁명의 적시성適時性

국민들의 유신체제에 대한 저항은 일촉즉발의 한계점에 있었다. 이와 같은 위기에 처하여 박 대통령은 절대로 물러설 줄 몰라 국민의 엄청난 희생이 강요되고 있었다. 우리가 원하지 않은 불행한 사태가 발생할 경우 국제적으로 고립되고 특히 미국이 대한정책을 바꾸게 될 가능성이 있는 등 절박한 상황에서 도저히 더 이상 늦출 수가 없어서 10·26 혁명을 결행한 것이다.

③ 10·26 혁명의 방법

박 대통령의 희생 이외에 다른 방법이 없었다. 자유민주주의 회복과 박 대통령의 생명은 숙명적인 관계였다. 박 대통령을 사살하는 그 자체가 혁명이었다. 혁명이라고 하여 기본 룰Rule이 있는 것이 아니다. 그 목적과 대상에 따라 그 방법이 결정되는 것이다. 유신체제를 깨기 위하여 그 심장을 멈추게 할 수밖에 없었고, 그것으로 충분하였다.

④ 10·26 민주혁명의 결과

본인이 결행한 민주회복을 위한 혁명은 완전히 성공한 것이다. 10·26 이후 유신체제는 무너졌고, 자유민주주의는 회복되었다. 혁명 후에 완성하려던 혁명과업을 수행할 수 없게 된 점은 심히 유감스럽다.

⑤ 나로 하여금 자결케 하라

자유민주주의를 회복한 나를 처형하면, 1960년 김주열이 죽어 4·19가 일어났듯이 국민이 가만있을 리 없다. 우리 정부가 내 죽음에 대한 책임을 지지 말고 나로 하여금 자결케 하도록 바란다. 본인은 자유민주주의를 회복시킨 것이 결과적으로 이 나라에 불행을 가져오는 일이 없도록 거듭 당부한다.[7]

신군부 폭압 속에 열린 최종심

5·17 쿠데타 3일 뒤 열린 상고심 재판

김재규에 대한 군사재판이 급속도로 진행되던 시점에 전두환 세력은 정권탈취를 기도하고, 외형상으로는 12월 6일에 최규하가 통일주체국민회의에서 단독 입후보하여 제10대 대통령에 선출되었다.

아무리 과도정부라 할지라도 최규하 정부가 순탄할 리 없었다. 유신체제의 구심이 사라진 마당이어서 공화당이나 유정회는 정치적 기능이 상실된 '불임정당'일 뿐이고, 최규하가 당선된 지 1주일도 안 돼 12·12 하극상 사태로 보안사령관 전두환이 권력의 실체로 등장했기 때문이다.

이런 정치적인 상황에서 최규하는 12월 21일에 제10대 대통령 취임사를 통해 "앞으로 1년 정도면 국민의 대다수가 찬성할 수 있는 내용이 담긴 헌법을 마련할 수 있을 것"이라고 과도정부의 기간을 예상보다 훨씬 늘려 잡았다. 최규하 대통령의 이 같은 발언은 '3김'을 비롯한 여야 정당과 재야 인사들의 비판의 대상이 되었다. 최규하는 대통령 취임과 더불어 긴급조치 제9호를 해제했다.

재야 세력과 일부 정치인들은 최규하의 대통령 선출을 반대하고 나섰다. 그 대표적인 사건이 이른바 'YWCA 위장결혼 사건'이다. 1979년 11월 24일, 명동의 YWCA 1층 강당에서 민주청년협의회 홍성엽과 윤정민(가상 인물)의 결혼식이 열렸다. 그러나 결혼식이 시작되자 결혼식은 통대선출저지 국민대회로 바뀌었다. 박종태 전 공화당 국회의원이 통일주체국민회의를 통한 체육관대통령 선출에 반대한다는 내용의 취지문을 낭독하고, '통대선출 반대', '거국민주내각 구성'을 촉구하는 구호가 울려 퍼졌다. 이날 결혼식에 참석한 함석헌, 김병걸, 백기완, 박종태, 김승훈, 양순직 등 재야 인사들과 정치인들은 유신체제 청산과 대통령 직선제 등을 요구하며 시위를 벌였다. 이날 사건으로 140여 명이 연행되고, 14명이 구속되었다.

신민당도 과도정부의 정치 일정에 반발하고 나섰다. 엎친 데 덮친 격으로 과도정부가 정부 주도의 개헌안을 마련한다는 방침을 세워 국회 헌법개정특별위원회와 마찰을 빚기도 했다.

자체의 정치기반 없이 신군부의 등에 업힌 꼴인 최규하 대통령으로서는 민주화를 바라는 국민의 염원을 제대로 수용할 수가 없었다. 학생, 노동자, 재야 인사들은 정치 일정의 단축과 유신잔재 청산을 요구하며 대대적으로 시위를 벌였고, 김대중 · 김영삼 · 김종필로 대표되는 정치 집단에서는 각기 이해가 엇갈린 상태에서 마찰을 빚어 정국은 날로 혼란이 확산되었다. 전두환 세력은 이런 분위기를 연출 또는 조장하면서 김재규 재판을 서둘렀다. 10 · 26 거사로 '서울의 봄'을 맞은 여야 정당은 막상 유신체제의 핵을 제거한 당사자의 재판에는 별로 관심을 보이지 않고, 차기 집권에 대해서만 동분서주하는 형국이었다. 재야 세력도 별반 다르지 않았다.

대법원은 10·26 거사의 마지막 심판인 상고심을 1980년 5월 20일 열기로 했다. 이 날짜는 정략적으로 잡힌 것이었다. 신군부는 5월 17일 새벽에 쿠데타를 일으켜 비상계엄을 전국에 확대 선포하고 계엄포고령 제10호를 발표, 모든 정치 활동의 중지 및 옥내외 집회, 시위의 금지, 언론·출판·보도 및 방송의 사전검열, 각 대학의 휴교령 조치를 취했다.

이에 앞서 김대중과 김종필 등 정치인 26명을 합동수사본부에 연행하고, 김영삼을 가택연금하는 등 일대 정치적 탄압을 자행했다. 계엄군을 동원해 국회도 봉쇄했다. 5월 18일 오전, 광주에서는 전남대생들이 계엄 해제와 전두환 구속 등을 요구하며 계엄군에 맞섰다. 광주항쟁의 서막이었다.

신군부가 예비한 시나리오대로 쿠데타 3일 뒤, 2심 선고 113일 만에 서울형사지방법원 대법정에서 김재규 등의 상고심 재판이 열렸다. 내외의 관심은 쿠데타 실세들이 연출한 계엄령 전국확대라는 정치드라마에 쏠리는 것이 당연했다.

대법원 전원합의체는 재판장 이영섭 대법원장, 주심 유태흥, 주재황, 양병호, 임항준, 안병수, 김윤행, 이일규, 김영철, 정태원, 서윤홍 대법원 판사(대법관)였다. 대법원장을 포함한 14명의 대법원 판사 중 민문기, 한환진, 나길조는 해외 출장으로 선고공판에는 참여하지 않았다. 대법원 판사들은 하나같이 유신정권에서 임명된 판사들이었다. 8명의 피고인 중 박흥주는 현역 신분이어서 단심으로 사형이 확정되고, 7명만이 상고심을 받았다.

선고공판은 김재규 등 피고인 7명은 출정시키지 않고, 피고인의 가족 11명과 보도진, 기관원 등 120여 명이 참석한 가운데 오전 10시 8분, 재판장 이영섭 대법원장의 개정선언으로 막이 올랐다.

재판장은 판결 주문을 말하기 전에 피고인들과 변호인단이 제출한 「상고이유서」의 주장을 요약해서 설명했다. 173쪽에 이르는 「상고이유서」는 이돈명 변호사가 골격을 쓰고 변호인단이 몇 차례에 걸쳐 다듬어 작성되었는데, 이 「상고이유서」는 매우 중요한 의미가 있다. 상고심에서는 피고인들에게 '최후진술'의 기회가 없었기 때문이다.

상고심의 「상고이유서」 중 공판 절차상의 위법과 양형의 부당성 관련을 집필했던 안동일 변호사가 정리한 '머리말'을 소개한다.

머리말

1) 무릇 한 나라 한 민족의 흥망성쇠의 계기는 그 속에서 일어나는 대소 사건의 진실한 모습과 참된 원인을 밝혀내고 그 사건 결과로 파급되는 모든 현상을 바르게 파악하여 그 사건에 내리는 올바른 가치 판단을 발전적 계기로 삼는 역량에 달려 있는 것입니다. 이러한 이치는 인류사, 민족사뿐 아니라 나라 안의 입법, 사법 등 각 분야별로 좁혀 보아도 타당하고, 작게는 한 개인의 삶에서도 그대로 적용되는 진리임에 의심이 있을 수 없습니다.

2) 그런데 현행 헌정체제 아래서 국가 권력의 핵을 맡고 있는 현직 대통령을 현직 중앙정보부장이 살해한 이 사건은 우리나라뿐 아니라 세계 정치사에서도 몇 세기에 한 번 있을까 말까 한 중대한 도전적 사건이라고 할 수 있고, 그렇기 때문에 이 도전에 대응하는 응전으로서

의 이 사건의 사법적 판단이 이 나라의 사법사와 이 겨레의 발전사에 미치는 영향의 파고波高와 진폭은 매우 큰 것이라고 아니할 수 없습니다.

3) 그렇기 때문에 이 사건에 임했던 우리 변호인들은 제1심 개정 벽두에 모두발언이라는 형식을 빌려 이러한 취지로 공정한 결론과 적법한 절차의 준수를 힘주어 당부하면서 다 같이 영광스러운 역사의 주인이 되자고 한 바 있었던 것입니다. 그러나 변호인들의 이러한 소망은 불행하게도 아홉 가지 상고이유의 점에서 보는 바와 같이 그 절차나 내용이나 결론 할 것 없이 비참하리만큼 무너지고 말았습니다. 바라건대 대법원에서는 정치·경제·사회 등 모든 분야가 혼미하고 불투명하여 진로를 찾지 못하고 있는 이 시점에서 이 민족의 위험스러운 현실 타개에 보탬이 될 올바른 판단을 내려주실 것을 바라마지 않습니다.

변호인단, 박정희 제거는 '국민저항권'

변호인단은 여러 날 동안 합숙을 하면서 「상고이유서」를 작성하여 법원에 제출했다. 그러나 당시는 계엄령이 선포된 엄혹했던 상황이라 언론에서는 전혀 보도되지 않았다. 따라서 김재규의 재판은 밀폐되다시피 한 공간에서 최소의 인원만이 지켜볼 수 있었을 뿐이다.

「상고이유서」에서 특이한 점은 10·26 이후 '서울의 봄' 시기에 개헌론이 제기되고 헌법 이론 중 새로 저항권 이론이 등장한 것과 관련해서, 10·26 거사를 국민저항권의 발로로 제시했다는 것이다.

맹자의 역성혁명론이나 플라톤의 폭군정벌론에서 보는 바와 같이 고대 봉건군주정치 시절에도 국민의 자유와 재산을 침범하는 폭군은 반드시 절멸되어야 하고, 그 정벌은 도덕적 선善으로 평가받아 마땅하다고 하여왔고, 기원 12~13세기의 유명한 기독교 신학자인 존 솔즈베리도 "참된 군왕은 신의 영상이므로 존경되고 추앙되고 또한 그에 복종하는 것이 의무이지만, 폭군은 이미 신으로부터 버림받은 사악의 영상이므로 일반적으로 피살되어야 한다. 그것은 폭정은 유독有毒 식물로 자라는 나무이기 때문에 잘라야 한다" 하여 폭군토벌의 신학적 정당성을 역설한 바 있으며, 근대 초기에 로크나 루소는 사회계약론의 이론에서 "누구나 간에 수임받은 범위를 넘어 법률에 의하지 아니하거나 법률을 악용하여 상대방의 권리를 침해하는 자는 폭력을 행사하는 것에 해당한다. 이러한 상태하에서는 그자와의 계약은 이미 해약되어 그 계약상 의무에서 해방되므로 모든 사람은 자기 자신을 방위하고 침략자에 저항할 권리를 갖는다. 이것은 너무나 명백한 사리이기 때문에 국왕의 권력과 신성성의 위대한 옹호자인 바클리까지도 그러한 경우는 국민이 군왕에 저항하는 것을 합법적이라고 인정 안 할 수 없다고 말하고 있다 (…)" 하여 거듭 논의되고 일반적 인정을 받아, 드디어 저항권은 현대에 이르러 실정법으로까지 등장하게 된 것입니다.

「상고이유서」는 저항권 사상의 근거로 미국독립선언과 버지니아 인권선언, 1789년 프랑스의 인권선언 등을 예시하고, 한국 헌법학

자들이 제시한 저항권 사상도 아울러 소개했다. 그 내용은 다음과
같다.

요컨대 오늘날 저항권은,

첫째로, 그 나라 헌법에 규정되어 있고 없음을 가림이 없이 당연한
권리로 인정되어야 한다.[이 점에 대한 참고로 1956년 8월 서독 연방정부에 의한 공산
당 해산 사건에 대한 독일연방공화국 헌법재판소 판결 이론 중 일부를 인용하면 "서독 헌법은
저항권의 조항을 두고 있지 않다. 그러나 그렇다고 해서 그와 같은 저항권이 이 헌법질서에서
인정될 수 있느냐 하는 문제가 애당초부터 부정적으로 대답될 것은 아니다. 특히 명백한 불법정
권에 대한 저항권은 현대 법률관에 있어서는 결코 생소한 것이 아니다. 그와 같은 불법정권에
대하여 정상적인 법적 구제가 불가능하다 함은 우리가 경험을 통하여 잘 아는 바이다. 이 점에
대한 자세한 조사는 필요하지도 않다. (…)]

그리고 성문규정이 없는 경우에 굳이 성문적 근거를 찾자면 헌법의
전문, 국민주권의 원리, 인간의 존엄과 가치를 보장하는 헌법의 기본권
규정의 이면해석 등이 바로 그 근거가 된다는 것도 많은 학자의 찬동을
얻고 있는 실정이고,

둘째로, 저항권은 자유민주주의의 헌법질서 유지와 기본적 인권의
수호를 위해서만 허용된다. 따라서 그것을 파괴하는 행위에는 여하한
경우에도 저항권 이론은 적용될 수 없다.

셋째로, 저항권은 그 헌법질서에 의하여 보장된 모든 방법에 의한 권
리구제가 되지 않을 때에 최종적으로 적용된다. 따라서 헌법위원회라든
가 사법기능이 건재하고 급박하지 않을 때에는 적용될 수 없다.

넷째로, 그 형태는 수동적 저항이나 능동적 저항이나 폭력적 저항이

나 비폭력적 저항이냐를 가리지 않고 위 세 가지 요건만 충족하면 적법한 저항권 행사로 인정된다고 하는 것이 그 골자라고 할 수 있습니다.

변호인단은 피고인의 본건행위, 즉 "박정희 대통령은 유신헌법의 제정으로 자유민주주의를 말살하고 그 불법을 유지 존속시키는 유신의 핵이었으므로 자유민주주의를 회복하기 위하여 그 핵을 제거하는 수단으로 다른 선택방법이 없어 그를 살해한 행위가 위 저항권 행사에 해당한다"라고 분명히 제시했다.

상고 기각으로 사형수가 되다

다시 공판 현장으로 돌아간다. 재판장은 판결 주문을 말하기 전에 피고인들과 변호인단이 제출한 「상고이유서」의 주장을 요약해서 설명했다.

1) 증거법칙에 위배한 점, 2) 내란죄의 범죄불성립, 3) 심리미진의 점, 4) 저항권과 본 건 행위의 특징, 5) 긴급피난의 점 , 6) 변호인 입회 없는 심리의 무효 , 7) 공판절차상의 위법 , 8) 독립재판권의 침해, 9) 양형부당

재판장은 '상고이유'는 피고인마다 대법원 판사들의 의견일치가 되지는 않았으나 모두 상고이유가 없다는 것이 다수의견이라 말하고, 한참 뜸을 들였다가 "피고인들의 상고를 모두 기각한다"라고 선고했다. 「상고이유서」는 철저히 배척되었다. 이로써 김재규는 사형

수가 되었다. '기각'이라는 한 마디는 법률용어로 포장되었지만, 실제는 '생명을 빼앗는' 사형선고의 다른 표현이었다.

4·19 혁명 후 들어선 민주당 정부를 군사쿠데타를 일으켜 붕괴시키고, 18년 6개월 10일간 계엄령 4번, 위수령 2번, 비상조치 1번, 긴급조치 9번을 선포하면서 1인 통치를 자행한 독재자를 처단한 김재규는 끝내 사형수의 신세가 되었다.

김재규와 동시대에 살았던 프랑스 시인 장 주네(1910~86)는 〈사형수〉라는 명시를 남겼다. 다음은 그 첫 구절이다.

감옥 안뜰 포석 위로 내 마음을 모는 바람
나뭇가지 걸리인 채 흐느끼며 우는 천사
대리석에 칭칭 감긴 하늘 나라 둥근 기둥
나의 밤에 찾아와서 구원의 문 열어주네.

죽어가는 가여운 새 다 타버린 재의 향취
담장 위에 잠든 듯한 눈망울에 담긴 추억
하늘 나라 위협하는 고통스런 그 주먹손
나의 손에 찾아와서 그대 얼굴 내려주네.

가면보다 가비얍고 탈보다도 강한 얼굴
장물아비 손보다도 나의 손에 더 무거운
그 얼굴에 지닌 보석 온통 눈물 범벅되어
어둡고도 강렬하게 청 꽃다발 투구 썼네.

그리스 목동인 양 엄한 표정 그대 얼굴

굳게 닫힌 내 손 안에 전율하는 그대 얼굴

주검 같은 그대 입술, 장미 같은 그대의 눈

천사장의 콧날인 양 뾰족 부리 그대의 코.[1]

10·26 거사가 있은 지 207일, 2심 선고 후 113일 만에 열린 상고
심의 결과였다. 14명의 대법원 판사들은 김재규·박선호는 상고기
각 10과 반대의견 4, 김계원은 상고기각 9와 반대의견 5, 이기주·
유성옥·김태원은 상고기각 8과 반대의견 6, 유석술은 상고기각 14
의 의견으로 각 상고를 기각했다.

대법원 판사 14명 중 양병호·임항준·김윤행·민문기·서윤홍·
정태원이 소수의견을 냈으나 이영섭 대법원장 등 다수에 밀렸다.
소수의견을 낸 이들 중 4명은 그해 8월 9일에 전두환 신군부 정권의
압력으로 법원을 떠났으며, 정태원 판사도 1981년 4월에 법관 재임
명에서 탈락했다.

판결문은 재판 용지로 206쪽에 이르는 방대한 분량이었으나 검
찰논고를 복사한 듯한 내용이었다. 그나마 소수의견은 보도되지도
않았다. 유신 이래 양심수들에 대한 재판의 경우 논고와 판결문이
복사판이었던 때가 많아서 '검·판사 동일체'라는 비아냥이 따랐다.

군사쿠데타로 세상이 다시 유신시대로 되돌아가던 엄혹한 시절,
양심과 법률에 따라 소수의견을 냈다는 이유로 신군부의 압력에 못
이겨 법복을 벗어야 했던 네 판사의 '소수의견'을 차례로 들어본다
(내용이 긴 경우는 임의적으로 발췌 인용).

대법원 판사 민문기의 소수의견

먼저, 민문기 판사의 소수의견이다. 그는 범행 때와 재판 때의 체제가 달라졌기에 내란의 죄로 처벌할 수 없다는 의견을 제시했다.

본 건 사안인 내란의 죄가 본질적으로 정치색채가 짙은 범죄이고 현실로 체제변동도 곁들여 있어 시국관을 말하지 않을 수 없다.

이 사건 범행(79. 10. 26)으로 희생되어 궐위된 대통령의 뒤를 이은 권한대행 최규하에 의하여 확인선언(79. 11. 10)된 바대로 새 헌법을 만드는 것이 전 국민적 합의라고 함을 획기적 역사의 사실, 부인할 수 없는 정당성을 지닌 중대한 국민의 정치결단, 국민의 법적 확신으로 뒷받침된 불문율, 시국을 지배하는 구속력이 있는 것이다. 그런데 이 합의는 유신체제와 상충됨이 그 본색을 이루니 그 체제를 넘어서지 않고서는 불가능한 일이 분명하므로, 따라서 전 국민적 합의가 있다는 그 자체가 실질적으로 유신체제의 폐지를 의미하는 것(오늘의 정치발전이 그 증거이다)이 되며 이 합의는 고 박정희 대통령의 운명과 동시에 이뤄졌다고 아니 볼 수 없는 까닭에 유신체제는 고 박 대통령과 운명을 같이한 체제라고 할 법적 논리에 이른다.

이해를 돕기 위하여 선례로 설명하거니와 만일 민주주의 질서를 군주체제로 변혁하려는 일로 해서 내란의 죄로 문의되다가 군주체제로 국헌을 바꾼다는 전 국민적 합의가 이뤄졌을 때 그대로 내란의 죄로는 처벌할 수 없으니 그 합의가 민주체제의 폐기를 의미하는 이상 합의 후에 있어서 내란죄는 민주주의 하자는 것이지 군주체제 하자는 것이 결코 될 수 없기 때문에 합의 후에 있어서 군주주의 하자는 이유로 하는 내란죄는 그 성립을 부정하는 것은 아니지만 유죄로 단죄할 수는 없다 할 것이다.

그 이유는 이 경우 국헌과 같다고 볼 체제가 달라서 각기 존립의 기초가 다르기 때문에 보호법익이 달라진 까닭이다.

본 건은 이 예의 경우와 똑같아 같은 법리가 적용된다 하겠다. 원판결 판단이 피고인 전원에 대하여 형법 제87조 제1·2호, 제89조, 제88조를 적용한 점과 그 이유로 설시한 취지로 미루어 그 전원을 국헌문란의 목적범으로 본 바가 분명하고 원심이 수괴로 인정한 피고인 김재규의 진술기재에 의하여 그 범행목적이 그 표현대로 유신체제의 핵인 박대통령을 제거하여 그 체제를 종식시키고 민주체제로 돌리는 데 있다는 취지로 기록상 인정 못 할 바 아니므로 원설시와 부합한다.

원판결의 인정판단에 그대로 따르면 원심은 피고인들이 유신체제를 강압 변혁하려는 목적으로 대통령을 비롯한 사람들을 살해했다는 것이요, 소송절차의 경과로 보아 개헌하는 전 국민적 합의가 있은 후에 있어서 재판한 사정이 분명하다. 그러므로 이 사안은 행위 시와 재판 시의 체제가 위 설시 이유에 따라 서로 다름이 숨길 수 없으니 이와 같이 범행 시의 기반이 재판 시의 그것과 달라졌다는 정치상황이 바로 초법규적으로 처벌할 수 없는 사유가 된다고 할 법리에 이르므로 본 건 범행을 다른 죄로 봄은 별론으로 하고 내란의 죄로는 처벌할 수 없다 하겠다.

따라서 원판결 판단을 결론에 영향을 준 법률위반(유신체제하에서라면 옳다 하겠다)을 남겼다고 하겠고 이를 지지한 다수의견 역시 같다고 하겠다.

이상 이유로 논지는 결론에 있어서 이유 있어 다른 주장에 들어가지 아니한다.

대법원 판사 양병호의 소수의견

양병호 판사는 김재규의 살해행위가 대통령직에 있는 자연인 살해 행위인지 국헌문란목적의 살인행위인지 좀 더 사실과 증거에 대한 심리를 더 해야 한다며 소수의견을 피력했다.

대저 국헌문란의 목적이라 함은 헌법 또는 법률의 기능을 불법으로 철 폐, 소멸시키고 국가의 기본조직인 통치기구 기타 헌법기관을 폭력으로 파괴 전복하는 것을 말하는 것이라 할 것인바,

원심이 그 판시 취지와 같이 피고인의 자유민주주의 회복을 위한 거 사였다는 그의 주장을 가리켜 대통령 서거 후 국민적인 합의로 정부나 국회에서 유신헌법을 개정할 것을 전제로 하는 개헌작업이 활발히 추진 되고 국민의 각계각층에 민주화운동이 팽배하게 된 시기를 틈타서 갑자 기 민주회복을 위하여 장애가 되는 대통령인 자연인 박정희를 살해, 제 거할 수밖에 다른 도리가 없었다는 것으로,

위장하는 것으로서 "자유민주주의의 회복이라는 미명 아래" 대통령 을 시해하여 폭력에 의하여 정부를 전복시켜 오직 정권을 탈취하려고 불법적으로 국가의 기본통치기구를 파괴할 것을 목적으로 범행한 것이 라고 사실인정을 하려면 모름지기 이에 관한 정확한 증거의 적시가 있 어야 할 것은 물론이다.

이 밖에 피고인이 그 판시대로 중앙정보부의 권한과 동부의 조직력 을 이용하여 계엄군을 장악하려 하였다면 군사단체가 아닌 중앙정보부 로서 어떠한 권한, 조직과 방법으로 계엄군을 장악하려 한 것인지를 밝

혀야 하고 또 무력으로 사태를 제압하고 입법, 사법, 행정권을 총괄하는 혁명위원회를 구성한다 함은,

무력으로 국가의 각 기관이나 국민의 의사를 제지, 억압하면서 기도한 바 정권을 잡을 방향으로 사태를 끌고 가려 했다거나 국회와 법원, 정부를 뒤엎어 없애고 혁명위원회 자체가 3권을 모두 행사하려고 한 것인지 그 내용을 명백히 하여야 할 것이고,

피고인이 집권기반을 확보한 후에 대통령에 출마하려 하였다는 것이 정당을 조직하여 지지기반을 구축하는 등의 방법에 의하는 것이 아니고 계엄령이나 긴급조치로 반대의견을 일체 금지하는 등 무력 기타 강압적 수단으로 국민의 지지를 얻으려 한 것일 뿐 헌법에 규정된 정당한 선거제도로써 국민의 자유로운 선택권 행사에 의한 것이 아니라는 것이었음을 명시하였어야 할 것으로 본다.

만약 다른 고위직 인사도 아닌, 적어도 일국의 대통령을 살해하였으니 정부를 전복하려는 국헌문란의 목적으로 살해한 것으로 아니 볼 수 없다는 소견이 있다면 권력의 정상이 대통령의 지위, 신분에 비추어 의당 그렇게 보아야 할 것이라는 견해로 보겠는데 이는 지극히 소박하고 단순한 사고에서 비롯된 것이라 아니할 수 없다.

대통령은 국가정부의 기관이요, 대통령이 곧 정부는 아니다. 그리고 대통령의 고귀한 지위, 신분을 운위하기 전에 그의 지닌 바 책무를 더 중요시하여야 할 것이고 대통령도 국민 전체에 대한 봉사자이며 국민에 대하여 책임을 지는 공무원의 한 사람임에는 틀림없기 때문이다. (…)

이러함에도 불구하고 원심이 이상과 같은 여러 점에 대하여 아무 살핌이 없이 피고인에 대하여 내란목적살인죄를 범한 것으로 단정하였으

니 증거 없이 또는 채증법칙에 위배하여 사실을 오인한 위법 있는 경우
로도 되려니와 대통령직에 있는 자연인 살해행위에 지나지 못한 것인지
국헌문란 목적의 살인행위에 해당하는 것인지가 중대관건으로 되어 있
는,

이 사건에 있어서 적어도 이를 가려보기 위하여 좀 더 사실과 증거에
대한 심리를 더 하여야 할 것인데 이를 다하지 아니하고 만연히 사실을
인정해버리고 만 심리미진, 이유불비의 위법을 면할 수 없다 할 것이고
이는 판결에 영향을 미친다 할 것이므로 논지들은 이유 있다.

대법원 판사 임항준의 소수의견

임항준 판사는 내란죄가 성립하려면 반드시 다수인의 결합이 필요
한데 이 사건에서는 범행한 자를 다 합쳐도 7~8명에 불과하기에 형
법 제87조 소정의 폭동을 할 만한 다수인이라고 볼 수 없으며, 혹여
김재규 등이 다수인이라 가정하더라도 형법 제88조의 내란목적살
인의 죄만 구성될 뿐인데 내란미수죄에도 해당한다 하여 판단한 조
처는 위법하다는 소수의견을 냈다.

형법 제87조에는 국토를 참절하거나 국헌을 문란할 목적으로 폭동한 자
는 (…) 이라고 규정하고 폭동을 그 구성요건으로 하고 있는바, 여기에
폭동이란 다수인이 결합하여 폭행이나 협박으로 한 지방의 평온을 해치
는 정도가 되는 것을 말하는 것이어서 내란죄가 성립되려면 반드시 다
수인의 결합을 필요로 한다고 할 것이다. 그러므로 내란죄는 소요죄와

더불어 군집범죄 또는 다중범죄 내지 집단범죄라고 칭하여지고 있다.

　그러면 내란죄나 소요죄에 있어서 범죄의 주체가 반드시 다수인의 결합임을 요하는 이유는 무엇인가. 그것은 다수인이 집합하게 되면 그 다수인이 군집되어 있다는 사실만으로 소위 군집의식, 군집심리가 발생되어 그 집단을 구성하고 있는 개개인이 가지고 있는 이성적인 사고작용은 후퇴 내지 저하되고 그 군집된 다중은 오직 암시, 모방, 감정이입 등으로 인하여 그들 각자가 단독으로 있을 경우와는 전연 다르고 평상시에는 예기할 수 없는 비합리적인 감정이 폭발되거나 예측할 수 없는 결과를 가져오게 되는 것을 경계하여 집단범, 군집범의 처벌규정을 따로 규정한 것이라고 할 것이다.

　따라서 우선 내란죄가 성립되려면 반드시 다수인의 결합이 필요하다고 할 것이다. 여기에서 말하는 다수인이란 위와 같이 군집의식, 군집심리가 형성되어 그 구성원 개개인의 사고와 행위의 단순한 산수적 집계가 아닌, 전연 별다른 맹목적인 감정이나 비합리적이고 파괴적인 행동이 촉발되어 한 지방의 평온을 해치기에 충분하고 폭행 협박을 하기에 족한 다수인이어야 할 것이다.

　그러므로 10명 내외의 사람의 집합만으로는 위와 같은 군집의식이나 군집심리가 발생될 수 있는 다수인이라고 볼 수는 없다 할 것인바, 이 사건에 있어서는 김재규, 박흥주, 박선호 3인만이 대통령을 위시한 몇 사람을 저격한다는 것을 모의하였다는 것이고 구체적으로 누가 누구를 무슨 이유로 살해하는지 그 이유를 모르고 범행한 자를 전부 다 합치더라도 6, 7명에 불과하니 동 인원으로는 형법 제87조 소정의 폭동을 할 만한 다수인이라고 볼 수 없다.

피고인 등의 행위가 형법 제87조에 해당할 수 없을 것임에도 불구하고 이에 해당한다고 본 원심의 조치는 폭동에 관한 법리를 오해한 위법이 있다고 아니할 수 없다.

또 가령 다수 의견대로 피고인 등의 행위가 형법 제87조 소정의 폭동을 하기에 족한 다수인이라고 가정하더라도 피고인들이 살인을 한 이상 형법 제88조의 내란목적살인의 1죄만 구성될 뿐 제87조의 내란미수죄에는 해당한다고 볼 수 없을 것인데 원심은 그 외에 제87조의 내란미수죄에도 해당한다 하여 그 양죄 간에 상상적 경합관계가 있다고 판단한 조처는 위법하다고 아니할 수 없다.

원심의 이론대로라면 상해치사한 자에게도 상해죄와 상해치사죄의 상상적 경합관계가 있어야 할 것이고, 강도살인한 자도 강도죄와 강도살인죄의 상상적 경합범으로 처벌하여야 한다는 이론에 도달하게 될 것이다.

우리나라에 있어서의 정치의 기본질서인 인간존엄을 중심가치로 하는 민주주의 질서에 대하여 중대한 침해가 국가기관에 의하여 행하여져서 민주적 헌법의 존재 자체가 객관적으로 보아 부정되어가고 있다고 국민 대다수에 의하여 판단되는 경우에 그 당시의 실정법상의 수단으로는 이를 광정匡正할 수 있는 방법이 없는 경우에는 국민으로서는 이를 수수방관하거나 이를 조장할 수는 없다 할 것이다.

이러한 경우에는 인권과 민주적 헌법의 기본질서의 옹호를 위하여 최후의 수단으로서 형식적으로 보면 합법적으로 성립된 실정법이지만 실질적으로는 국민의 인권을 유린하고 민주적 기본질서를 문란케 하는 내용의 실정법상의 의무이행이나 이에 대한 복종을 거부하는 등을 내용으로 하는 저항권은 헌법에 명문화되어 있지 않았더라도 일종의 자연법상의 권리로서 이를 인정하는 것이 타당하다 할 것이고 이러한 저항권이 인정된다면 재판규범으로서의 기능을 배제할 근거가 없다고 할 것이다.

대법원 판사 김윤행의 소수의견

마지막으로 김윤행 판사의 소수의견은 임항준 판사의 의견과 유사하다. 즉, 피고인들에게 내란(미수)죄가 적용될 수 있다고 가정하더라도 이와 동시에 제88조의 내란목적살인죄에도 해당한다는 상상적 경합관계를 인정한 것은 법률적용이 잘못된 것이라고 지적한다.

설사 위 피고인들에게 원심이 인정한 내란(미수)죄가 적용될 수 있다고 가정하더라도 원심이 피고인 김계원을 제외한 나머지 피고인들에게 대하여 이들의 소위가 동시에 제88조의 내란목적살인죄에도 해당한다는 상상적 경합관계를 인정하였음에 관하여는 아래와 같은 견해에서 그 법률적용이 잘못된 것이라고 지적한다.

그 이유로서 내란죄에 있어서는 내란목적으로 폭동을 하는 것을 구성요건으로 삼고 있고, 여기에서 폭동이라고 하는 것은 내란죄에 관한 형법 제87조 제2호에서 "살상의 행위를 실행한 자"도 모의에 참여하거나, 지휘하거나, 기타 중요한 임무에 종사한 자와 똑같이 처벌한다고 규정하고 있어 '살상' 행위까지를 당연히 예상하고 있음에 비추어, 단순한 폭행, 협박에서부터 살인, 상해, 방화 등의 행위까지도 넓게 포함하는 개념이라고 할 것이다.

내란목적으로 폭동을 함에 있어서 그 폭동과정에서 사람이 살해되었다고 해도 이는 내란죄의 단순일죄로서 그 집합체를 구성한 지위와 역할에 따라서 수괴, 모의 참여자, 지휘자, 기타 중요임무종사자, 또는 부화수행자, 단순 관여자 등으로 구별되어 제87조 제1호 내지 제3호에 의하여 처벌되는 것이라고 할 것이다.

반면 내란목적살인죄를 규정한 형법 제88조에는 내란목적으로 사람을 살해한 자라고만 규정하고 있어 이는 폭동에 의하지 않고 사람을 살해한 경우를 의미하는 것임이 분명하므로, 같은 내란목적에서 사람을 살해한 경우라 하더라도 이것이 폭동과정에서 이루어졌다면 내란죄에 흡수되어 형법 제87조의 내란죄만이 되는 것이고, 폭동에 의하지 않고 사람을 살해한 경우라면 내란목적살인죄의 단순일죄로서 제88조만이 적용되는 것이라고 봐야 할 것이다.

만일 원심의 견해대로 이와 같은 경우 항상 상상적 경합관계가 되는 것이라고 한다면, 내란죄의 수괴에 있어서는 그 형이 사형, 무기징역 또는 무기금고이고, 내란목적살인죄도 사형, 무기징역 또는 무기금고로 되어 있어 그 법정형이 같기 때문에 혹은 수괴의 경우에는 사실상 크게 영향이 없다고 하는 견해가 나올 수도 있다고 하겠지만, 내란죄의 폭동과정에서 "살상의 행위를 실행한 자"의 경우를 놓고 보면, 그는 위에서 본 바와 같이 수괴의 다음 차원에서 모의 참여자, 지휘자나 기타 중요한 임무에 종사한 자들과 같은 형으로써 처벌받게 되고, 그 형은 사형, 무기 또는 5년 이상의 징역이나 금고로 되어 있어, 경우에 따라서는 5년 이상의 유기징역이나 금고로써 처벌받을 수도 있게 된다.

반하여, 상상적 경합범에 있어서는 형법 제40조에 의하여 가장 중한 죄에 정한 형으로 처벌하도록 되어 있는 관계로, 언제나 내란목적살인죄에서 정하고 있는 사형 또는 무기징역이나 무기금고의 형으로 처벌받게 되어, 5년 이상의 유기징역이나 금고형을 규정한 형법 제87조 제2호와 균형이 맞지 않는 결과가 되고 만다.

형법 제88조의 내란목적살인죄의 형이 내란죄에 있어서 폭동과정에서 '살상의 행위를 실행한 자'에 대한 제87조 제2호의 형보다 위와 같이 무겁게 규정하고 있는 것은 상호간에 균형이 맞지 않아 납득하기 어려운 점이 없지 않으나, 내란죄에 있어서는 군집범으로서의 폭동이라는 군중심리가 작용되어 깊이 사료함이 없이 경솔하게 행동하는 경우가 많다는 점에서 그 기대가능성이 적다고 보아, 그렇지 아니한 내란목적살인죄와의 사이에 이러한 법정형상의 차이를 둔 것으로 이해하고자 한다.[2]

12

대법원의 재심 기각과 구명운동

극심한 시련을 겪은 변호사들

대법원의 양심적인 법관들이 '내란목적살인죄'가 아니라 '단순살인' 이라는 법리와 당시의 정황, 국민저항권 사상까지 제시했지만 다수 의 대법원 판사들은 신군부의 의중에 더 충실했다. 그래서 '10·26 사태'는 '내란'이 되고, 김재규와 궁정동 거사에 참여했던 그의 부하 들은 '내란목적살인범'으로 단죄되었다. 이때는 계엄군이 광주시민 들을 '폭도'로 몰아 살육하던 시기였다.

소수의견을 냈다가 정치보복으로 쫓겨나고 2년 뒤 어렵게 변호 사를 개업할 수 있었던 양병호 변호사는 뒷날 《시사저널》과 인터뷰 에서 다음과 같이 회고했다.

육군본부 계엄고등군법회의에서 넘어온 자료를 샅샅이 뒤져도 내란을 꾀했다는 법적 증거는 없었다. 군부가 대법원에 압력을 행사하지 않고, 기록을 꼼꼼히 검토했더라면 군법회의 판결이 깨져서 고등군법회의 에 환송되어 내란을 입증할 조사를 다시 했든지 일반살인으로 고쳐서 대법원 재판을 다시 했을 것이다. 김재규의 운명은 일반살인죄를 적용하더라도 당시 시국 분위기로 보아 사형으로 갔을 것이다. 그러나 민주 회복을 위해 그런 살인을 했다고 평가받아 역사에 남았을 것이라고 본다.[1]

대법원의 판결이 있은 뒤 변호인단은 극심한 시련을 겪었다. 보안사가 7명의 변호사들을 체포할 것이라는 정보를 듣고, 재판정을 나오는 길에 귀가하지 못하고 각자 피신해야 했다. 다행히 김제형, 이돈명, 조준희, 홍성우, 황인철, 안동일 변호사 등 6명은 20여 일 동안 피신하여 체포를 면할 수 있었으나, 강신옥 변호사는 붙잡혀 서빙고 분실에서 곤욕을 치렀다.

강신옥 변호사는 대법원 판결 선고일이 5월 20일에 있는 줄 알고 대법원 선고가 나면 사형선고가 되어 곧바로 사형이 집행될 것으로 예상하고 미리 재심신청서를 써서 20일 아침 일찍 법정에 가서 신청서를 제출했다. 강신옥 변호사는 이날 오전 11시경 신청서를 제출한 후 집으로 돌아가는데, 정체불명의 두 사람이 나타나서 강 변호사를 보안사의 서빙고 분실로 연행했다.

강신옥 변호사는 계급장 없는 군복에 고무신을 신고, 사진을 찍고는 험악한 취조를 받기 시작했다. 서빙고의 수사관들은 "왜 김재규 구명운동을 하느냐?" "당신은 박근혜 씨의 명예를 훼손했다"는 등의 말을 하며, 강 변호사에게 주먹 등으로 치면서 심한 구타를 했다.[2]

무엇이 변호인들로 하여금 그토록 고초 속에서도 '피고인과 변론인' 관계 이상의 행동을 하도록 했을까? 접견과 법정진술을 통해 알게 된 '김재규의 참모습'에서 인간적인 감동을 느낀 게 아닐까.

강신옥 변호사는 수십 차례의 변호인 접견을 통해 김재규 장군의 진술을 메모한 것이 공책으로 한 권이었고, 6개월에 걸친 면회를 통해 얻은 결론으로, 신군부가 주장하는 "김재규 장군의 법정 진술이 서빙고 진술과 달리 일관성이 없고, 시간이 지남에 따라 10·26을 민주거사로 미화시켰다"는 논지에 대해 반박하며, "내가 11월 29일 김 장군을 처음 면회했을 때부터 마지막 면회 시까지의 김 장군의 진술을 종합해볼 때, 김 장군의 진술은 일관성이 있었고, 김 장군이 변호사의 도움을 받아 나중에 가서 이론적으로 무장한 것은 아니었다"고 주장했다. 또한 김 장군은 문학적 감각이 뛰어나고 시詩를 좋아해서 스스로의 힘으로 일관성 있는 훌륭한 거사 동기를 밝힐 수 있었다는 것이다.[3]

피신 중이던 안동일 변호사에 의해 어렵게 재심이 청구되었다. "나는 피신하는 길에 공중전화 박스로 가서 사무실로 전화를 걸었다. 직원에게 당분간 사정이 있어 사무실에 들어가지 못한다고 말하고는 미리 사무실에 작성해놓은 김재규·이기주·유성옥에 대한 재심청구서를 5월 20일 당일로 대법원에 제출하라고 지시했다. 대법원 판결 선고 후 빠른 시일 내에 사형 집행을 할 것이라는 소문을 법조 출입기자로부터 들었던지라 어떻게서든 사형집행을 하루라도 미루어보려는 의도였다."[4]

이렇게 해서 재심 청구가 대법원에 접수되었다. 그렇지만 대법원에서 판례나 관례 따위는 권력을 추종하는 자들에게 아무런 의미도 없었다.

천주교정의구현전국사제단을 시작으로 벌어진 구명운동

'5·17 내란'을 주도한 전두환(1995년 내란목적살인죄로 구속 기소)의 신군부는 정권탈취에 방해된다고 하여 정치인 김대중 등을 구속하고, 광주에서 학살극을 자행하면서 자신들의 우상인 박정희를 죽인 김재규를 내란죄로 몰아 처형하는 데 머뭇거리지 않았다. 대법원 판결 직후에 곧바로 사형을 집행할 것이라는 소문이 공공연히 나돌았다. 가족이나 변호인들은 재판을 전광석화처럼 빠르게 진행할 때부터 예측하지 못한 바는 아니지만, 그래도 변호인단의 재심 청구에 따라 형식상으로라도 심의절차를 거칠 것으로 알았다.

가족과 사회 일각에서 구명운동에 나섰다. 10·26 거사 후 12·12 군사 반란과 신군부의 등장으로 김재규의 운명은 이미 결정되고 있었다. 이와는 달리 김재규가 예측한 것처럼 '서울의 봄'이 제대로 전개되었으면 상황은 바뀌었을 것이다.

군권에 이어 정권이 전두환 세력에게 장악되면서 "김재규를 살려야 한다"라는 구명운동이 천주교정의구현전국사제단을 중심으로 시작되었다. 가장 치열하게 반유신운동을 벌여왔던 정의구현전국사제단은 1980년 2월 5일에 「김재규 전 중앙정보부장의 구명을 위한 청원서」를 발표하고, 이를 대법원장 등 주요 관계자에게 보냈다. 공식적인 첫 구명운동이었다.

김재규 전 중앙정보부장의 구명을 위한 청원서

우리는 사회의 빛과 소금이 되어야 하는 교회의 사명과 하느님의 진리를 실천, 증거하고자 하는 천주교의 성직자들입니다.

우리 교회는 어둠이 빛을 가리고 허위가 진실을 압도하는 사회현실 속에서 빛과 진실을 증거하다가 지학순 주교님을 비롯하여 많은 수의 동료들인 성직자와 신자들을 영어의 몸으로 빼앗긴 바 있습니다.

10·26 사태 이후 우리와 격리되어 감옥에 있었던 동료 성직자와 신자, 그리고 지식인과 학생들이 속속 교회와 그들 가족의 품으로 돌아오게 되었음을 우리는 경하해 마지않는 바입니다.

10·26 사태 이후 긴급조치 9호가 해제되고 새로운 민주헌법의 제정 논의가 활발해지며 나라의 민주화가 진행됨으로써 이 땅에서는 칠흑 같은 암흑이 가시고 새로운 민주한국 건설의 위대한 도정에 서 있게 되었습니다.

10·26 사태는 반민주 독재정치로 실추된 나라의 위신을 회복하는 데 있어 커다란 긍정적인 기여를 하는 계기가 되었음을 부인할 수 없을 것입니다. 10·26 사태의 이러한 의미와 결과에도 불구하고 10·26 사태의 장본인인 김재규 전 중앙정보부장은 이러한 사태 발전과 격리되어 현재 1, 2심에서 사형을 선고받고 대법원의 판결을 기다리고 있습니다.

우리는 이와 관련하여 우리들 종교인의 입장과 견해를 밝히고자 합니다.

하느님께서 인간을 당신 모상대로 창조하셨기에(창세기 1장 26절 27절), 종교인으로서 박애정신(사목헌장 4장 41항)에 따라 생명에 대한 권리는 하느님께 속한 것이며, 인본사상에 입각한 인간 생존권에 바탕을 둔 민주사조에 따라 인간의 생명은 절대 귀중한 것으로 다루어져야 한다고 생각합니다.

비록 제한되어 보도되기는 하였으나, 김재규 피고인의 법정진술에 의하면, 10·26 사태는 애국적 동기에서 출발되었고, 조국의 자유민주주의를 회복하고 국민 희생의 극소화를 위한 것이었다고 합니다. 부산과 마산 사태의 엄청난 충격과 희생 등 10·26 사태 전후의 객관적 상황에 비추어 그의 주장은 충분한 설득력을 가지고 있습니다.

10·26 사태는 억압의 권력에 대한 국민적 저항이라는 연장선 위에서 보아야 할 것입니다. 따라서 10·26 사태를 살인이라는 범법적 차원에서 볼 것이 아니라 자유와 민주주의를 지향하는 기본 이념에 입각하여 국가적, 국민적 차원에서 다루어야 할 것입니다.

우리는 김재규 피고인의 진술에서, 대의를 위하여 소의를 희생시킬 수밖에 없었던 안타까움의 토로를 통하여 그의 인간적인 고뇌를 읽어볼 수 있습니다. 따라서 우리는 박정희 대통령의 죽음이라는 충격과 그에 따른 감정으로부터 벗어나 10·26 사태의 의미에 대한 냉철한 판단과 자세를 정리할 필요가 있다고 생각합니다. 그러한 의미에서 1, 2심의 재판과정은 10·26 사태의 의미를 확인하고자 하는 국민적 관심에 비추어 지나치게 인색하였고 졸속한 것이 아니었나 하는 의구심을 갖고 있습니다. 10·26 사태의 영예로운 수습은 역사와 국민 앞에 한 점 부끄러움이 없는 방향에서 이루어져야 할 것입니다.

우리는 10·26 사태 이후 전개되고 있는 민주화 작업이 화해와 관용의 정신으로 마침내 성취될 수 있다고 믿습니다. 마찬가지로 화해와 관용의 정신은 김재규 전 중앙정보부장 등 10·26 사태 관련자들에게도 적용되어야 한다고 믿습니다.

그것이 10·26 사태의 의미와 교훈을 확인하는 길이기도 할 것입니다. 사랑과 화해야말로 오늘의 난국을 극복하는 무기요, 정신이 되어야 한다는 것이 우리들의 믿음입니다. 이제 이 같은 우리의 뜻을 모아 김재규 전 중앙정보부장 등 관련 피고인들이 민주발전 도상의 대의에 입각하여 극형만은 면하게 조처를 청하면서 우리들의 뜻이 이루어지기를 위하여, 그리고 나라의 평화와 민주주의를 위하여 기도 바치고자 합니다.

서울대교구 대표 오태순 신부, 춘천교구 대표 김정식 신부
인천교구 대표 황상근 신부, 수원교구 대표 정지웅 신부
대전교구 대표 이계창 신부, 대구대교구 대표 허연구 신부
안동교구 대표 정호경 신부, 부산교구 대표 송기인 신부
전주교구 대표 문정현 신부, 광주대교구 대표 강영식 신부
청주교구 대표 김원택 신부, 마산교구 대표 서원열 신부
원주교구 대표 최기식 신부, 수도회 대표 박문식 신부

'10·26 거사' 가족들의 호소문과 탄원서

'10·26 거사'의 가족들만큼 아픔과 슬픔을 안고 절실한 마음으로 재판을 지켜본 사람들도 없을 것이다. 가족들 중에는 사건 이후 기관에 잡혀가 고문을 당하거나 극심한 수사를 받은 이들도 있었다. 남편 또는 아들의 생명이 경각에 달려 있을 때 가족들은 관계기관에

호소했다.

가족들은 김재규를 확신범, 정치범, 양심범이라 강조하고, 그와 부하들을 살려줄 것을 호소했다. 유신 악법을 폐지시킨 10·26 거사 당사자들을 유신 악법으로 다스려서는 안 된다고 주장했다. 다음은 2월 12일에 '10·26 사건 피고인 가족 일동' 명의로 작성된 「가족들의 호소문」 중 일부분이다.

10·26 거사는 국민의 심판에 맡겨야 합니다. 10·26 거사가 발생한 그날로부터 국내의 동포 모두가 입을 모아 유신헌법의 철폐를 부르짖었고 최 대통령을 위시한 정부 각료는 물론이려니와 유신체제하에서 득세하여 요직에 있었던 사람들까지도 "국민적 여망이다. 국민적 합의다" 하면서 한결같이 유신헌법의 철폐를 서두르고 있음은 누구나 다 아는 사실입니다. 이는 곧 유신헌법이 악법임을 입증하는 것이며 유신 악법을 철폐케 한 10·26 거사의 정당성을 입증하는 것일 뿐 아니라 유신 악법이 10·26 거사와 동시에 실질적인 철폐였음을 의미하는 것입니다.

유신 악법의 철폐가 국민의 열망이요 국민적 합의이고 실질적으로 이미 철폐된 것이라면 10·26 거사가 어찌 유신 악법으로 치죄治罪되어야 합니까?

김재규 부장의 거사는 결코 유신 악법으로 치죄될 수 없고 당연히 국민의 여망에 따라 국민적 합의에 의하여 처리되어야 하며 국민의 심판에 맡겨야 마땅합니다.

김재규 부장은 확신범이고 정치범이며 양심범입니다.

김재규 부장은 그의 항소이유보충서에서 1979년 10월 27일 새벽 육군보안사의 서빙고로 연행되자마자 수사관들이 전신을 닥치는 대로 구타하고 심지어 EE8 전화선을 손가락에 감고 전기 고문까지 자행하였으며 이러한 고문이 여러 날 계속되는 동안 수차 졸도하여 심지어는 어떤 수사관에게 이대로 죽으면 이 꼴로 고향 땅에 묻힐 수 없으니 서울에 묻어달라 유언까지 한 일이 있었다고 진술하였고 간 질환으로 지혈이 되지 않아 피하출혈로 시뻘겋게 된 흔적이 아직 남아 있다고 밝히고 있습니다.

확신범이고 정치범이며 양심범인 사람을 이렇게 비인도적으로 고문하고 더구나 사형선고까지 내릴 수 있는 것입니까?

이는 현대문명하의 각국에서 그 유례를 찾아볼 수 없는 야만적인 처사이며 박 대통령 추종자들의 복수심에서 우러난 소행으로 한국 국민뿐 아니라 전 세계로부터 지탄받아 마땅한 일입니다.

김재규 부장과 그 부하들을 살립시다.

우리는 그동안 이 사건 처리의 추이를 지켜보면서 재판부 법관들도 국가와 민족을 위한 최소한의 충정은 있을 것으로 믿었고 이 사건 관련자를 극형에 처하지는 않을 만큼 일말의 양심은 남아 있을 것으로 믿어 은인자중해왔습니다. 그러나 지난 1, 2심 공판 진행 과정에서 의도적인 졸속처리를 강행해왔습니다. 또 1980년 2월 9일 국내 각 신문지상에 김재규 부장을 엄벌하라는 어용단체의 건의와 엄벌하겠다는 계엄사령관의 방침이 실리는 등 요즘 일련의 사태 진전을 보아 정부 당국은 김재규와 그 부하들을 서둘러 처형할 것이 명백해졌습니다.

이에 국가 민족의 장래를 걱정한 나머지 더 이상 은인자중하고 있을 수 없어 김재규 부장과 그 부하들의 구명을 간곡히 호소하는 바입니다.

가족들은 '호소문'에 이어 4월 초, 다시 당국에 '탄원서'를 제출했다. 김재규·박선호·이기주·김태원·유성옥의 가족 24명의 명의로 된 탄원서였다. 김재규의 어머니와 부인, 동생들도 함께했다. 가족들은 김재규를 나라의 민주주의를 구하고, 민주주의를 요구하는 국민의 희생을 막기 위해 정치적 확신을 갖고 10·26 사건을 일으켰으며, '남편들'이 결행한 10·26 사건의 결과가 진정한 민주화로 나타나기를 바란다고 했다. 또 나라의 민주주의 실현이 나라가 가야 할 길이라면, 이를 가능하게 했던 주인공인 '남편들'도 그 민주화의 길에 같이 함께할 수 있도록 사형만은 면하게 해달라고 호소했다. 탄원서(전문)의 내용은 다음과 같다.

탄원합니다.
우리는 10·26 사태와 관련하여 1, 2심의 군법회의에서 사형의 선고를 받고 현재 대법원의 확정판결을 기다리고 있는 세칭 10·26 사건의 가족들입니다.
10·26 사태 전에는 세상 사람들 앞에서 우리 남편들의 직업에 대하여 감히 말할 수조차 없을 만큼 음지에서 살아왔던 사람들입니다. 우리들 가운데는 10·26 사태를 통해서야 우리들의 남편이 중앙정보부원이었던 사실을 알게 된 사람도 있습니다. 또한 어디 가서 무슨 일을 하는 직책을 가지고 있었는지에 대하여도 사건 발표를 통하여 처음으로 알게 되었습니다. 우리들의 남편들이 정보부원이었고, 발표처럼 권력의 은밀한 핵심 주변에서 일을 하고 있었습니다만 우리들은 언제나 가난했고 우리들의 남편들은 그 아내와 자식에게조차 자기의 직업과 직책을 말하

지 않을 정도로 자신의 직업에 대해 비밀을 지켰으며 또한 청렴했습니다.

따지고 보면 유신체제하에서 가장 처절한 희생을 당한 사람들이 우리들의 남편과 우리들 가족이었을 것입니다. 10·26 사태의 사건 당일도 우리들의 남편은 대통령과 이 나라 최고 권력의 핵심들이 벌이는 이른바 큰 잔치 대행사에 동원되었거나 경비를 맡았던 것입니다.

춘향전에 '노랫소리 높은 곳에 백성의 원성이 높다'고 하였습니다만, 우리들의 남편들은 그 노랫소리를 위하여 가장 비참하게 동원되었던 것입니다.

우리들의 남편들은 어느 날 내란죄의 대역죄인으로 발표되었습니다.

그러나 재판 과정을 통하여 분명히 밝혀진 바에 의하면 김재규 전 중앙정보부장은 나라의 민주주의를 구하고, 민주주의를 요구하는 국민의 희생을 막기 위해서 정치적 확신을 가지고 10·26 사태를 일으켰다고 했습니다.

부산과 마산 사태를 보고하면서 이것은 국민의 체제에 대한 근본적인 불만의 표시로서 사실상 민란 사태인바, 체제의 완화 등 근본적인 대책을 건의했을 때 박 대통령은 더 이상 확대되면 발포명령을 직접 내리겠다고 공언했고 옆에 있던 차지철 경호실장은 데모 대원 100~200만 명 죽인다고 정권이 까딱 있겠느냐고 했다고 하니 10·26 사태가 없었던들 얼마나 많은 민주국민이 희생되었겠습니까?

김재규 전 중앙정보부장은 평소부터 자유민주주의를 신봉하고 또 회복시키려 하였을 뿐만 아니라 10·26 거사 자체가 정치적 확신에 따라 결행한 것입니다. 나라의 민주주의를 회생시키고 국민의 희생을 막은 김재규 전 중앙정보부장에 대해 역사와 국민은 길이 평가할 것으로 믿어 의심치 않습니다.

주변에 대한 확정 판결이 있기도 전에 처형당한 박흥주 대령을 비롯하여 나머지 관련자들은 명령과 규율을 생명으로 하는 군과 정보기관의 공무원이었습니다. 명령을 선택적으로 받아들일 수 있는 것이라면 군과 정보기관의 기강과 명령의 존엄성이 어떻게 유지될 수 있겠습니까?

우리는 우리들의 남편들이 사형선고를 1, 2심에서 받았지만 긴급조치가 해제되고 구속 인사들이 석방되며 복권, 복직, 복학되고 있는 현실에 대하여 우리 남편들의 행동과 처신이 결코 헛되지 않은 것임을 알게 되었습니다.

우리는 우리의 남편들이 목숨을 걸고 결행한 10·26 사태의 결과가 진정한 민주화로 나타나 줄 것을 바라마지 않습니다.

그러나 10·26 사태로 나라의 민주주의가 활발히 논의되는 지금 그것을 결행한 우리들의 남편들이 왜 감옥에 있어야 하며 왜 죽어야 하는지 납득할 수 없습니다. 나라의 민주주의 실현이 진정 나라의 가야 할 길이라면 그것을 가능하게 했던 10·26 거사의 주인공들인 우리들의 남편과 그 민주화의 길에 같이 참여할 수 있어야 할 것입니다.

우리는 결코 우리들 남편의 공을 내세우고자 함이 아닙니다. 다만 우리들의 남편들은 음지에서 일하면서도 불평할 줄 몰랐던 청렴하고도 모범적인 공무원이었고 우리에게는 더할 수 없이 소중한 가장입니다.

이제 우리는 우리 남편들의 생명만은 지켜질 수 있도록 하여 주시옵기를 엎드려 비옵나이다. 오직 우리는 그것을 간절히 소망합니다. 만약 그들을 처형하여야 한다면 그들을 하늘같이 믿고 살아온 우리들도 함께 죽음의 길로 인도하여 주시기를 목놓아 호소하는 바입니다.

비록 감옥 속에서나마 나라의 민주주의를 위하여 그들이 목숨 걸고 결행한 10·26 사태의 귀결로 나타날 나라의 민주화를 지켜볼 수 있도록 하여 주시기 바랍니다.

그리하여 그들이 한恨을 가진 채 세상을 하직하지 않게 하여 주시옵소서. 또한 우리들 가족들의 한이 되지 않게 하여 주시옵기를 거듭거듭 두 손 모아 충심으로 탄원 올리옵니다.

원로들과 주요 인사들로 구성된 '구명위원회'

결과가 뻔한 재판이 진행되는 6개월 동안 종교계와 재야단체 인사들이 구명위원회를 조직했다. 구명위원회는 4월 5일, 윤보선과 함석헌 등 원로들과 가톨릭·개신교·언론계·문단·학계·여성단체의 지도급 인사들을 비롯해 1,500명의 서명을 받은 「발표문」을 최규하 대통령, 이영섭 대법원장, 이희성 계엄사령관에게 각각 제출했다.

발표문

김재규 전 중앙정보부장 등 10·26 사태 관련 피고인들의 생명은 구출되어야 한다는 것이 사회 각계각층에서 주장되어왔다. 다만 보도되지 않았을 뿐이다. 또한 국민 일반은 결코 그들의 처형을 원하지 않는다. 다만 그 주장을 하지 못하고 있을 뿐이다.

이러한 국민적 요구가 자연발생적으로 일어나 구명을 위한 서명이 전국적으로 진행되고 있는바, 지방에서의 서명 결과가 집계되는 대로 관계 요로에 제출코자 한다. 우선 그동안 있었던 서명의 결과를 이에 발표한다.

원로: 윤보선, 함석헌
가톨릭: 지학순, 김승훈, 함세웅, 김택암, 신현봉
개신교: 문익환, 김정준, 박형규, 강희남, 안병무
언론계: 천관우, 송건호, 임재경, 이병주, 정태기
문단: 고은, 박태순, 양성우, 김병걸, 이호철
학계: 김동길, 이문영, 백낙청, 이영희, 박현채, 이효재
여성: 공덕귀, 김옥길, 박영숙, 박용길, 조정하 외 수백 명

구명위원회는 4월 6일에는 「청원서」를 각계에 보내 구명을 요청했다. 「청원서」의 일부 내용은 다음과 같다.

김재규 전 중앙정보부장은 정치범이며 또한 확신범입니다. 그 부하들은 오직 김재규 전 중앙정보부장의 명령에 따랐을 뿐입니다. 확신범에 대한 가혹한 처벌이 삼가지고 있는 세계적인 추세와 그리고 10·26 사태가 나라의 민주화에 있어 결정적인 계기였음을 비추어, 적어도 그들의 극형만은 면해야 한다는 것이 우리들의 믿음이며 바람입니다.

우리는 재판의 결과와 그 처리가 역사와 국민 앞에 그리고 자유와 민주주의의 앞날에 한 점 부끄러움이 없는 공명정대한 것이 되기를 바랍니다. 그리하여 민주조국 건설을 위한 국민적 화해와 단결에 김재규 전

중앙정보부장 등도 같이 참여하게 되기를 바랍니다.

우리는 70년 전 10월 26일 안중근 의사의 의거를 상기하면서 우리의 이 같은 간곡한 뜻을 이에 청원하는 바입니다.

사형을 유보해달라고 대통령에게 건의

재판 진행의 속도가 빨라지면서 4월 2일, 구명위원회는 최규하 대통령에게 「건의문」을 보냈다. 신군부에 업혀 허수아비 노릇을 하는 대통령일지언정 그래도 현직 대통령이었다. 의지만 있으면 얼마든지 극형을 감면할 수 있는 자리였다. 구명위원회가 바라는 것은 사면도 아니었다. 그저 국민의 염원에 따라 새 헌법이 제정되면 새 정부의 민간재판에서 재판을 받을 수 있게 해달라는 것이었다.

최 대통령 각하

10·26 사태 이후 혼란한 정국을 수습하고 민주회복을 위한 기틀을 마련하기 위하여 고심하시고 있는 각하께 경의를 표합니다.

현재 군사재판에 계류 중인 김재규 씨와 그의 부하는 정권을 탈취하기 위하여 대통령을 살해한 혐의로 사형선고를 받았습니다. 본인은 최후진술에서 "나는 대통령을 죽이고 그 무덤 위에 올라설 정도로 도덕적으로 타락하지 않았다"라고 했으며, 그는 본인의 거사 의의를 다음과 같이 진술했습니다.

첫째, 자유민주주의를 회복하는 것이다.

둘째, 국민들의 보다 많은 희생을 막는 것이다.

셋째, 적화를 방지하는 것이다.

넷째, 건국 이래 최고로 악화된 대미 관계를 개선하고 민주회복이 되어야 경제, 외교, 국방 면에서 정상화된다.

다섯째, 국제적으로 독재하는 나쁜 의미 때문에 고립되어 있는데 민주회복을 하여 고립에서 벗어날 수 있다.

또한 그는 말하기를 박 대통령을 잃은 것은 가슴 아픈 일이나 박 대통령과 민주주의 회복은 숙명적인 대결 관계에 있으므로 그의 희생 없이는 민주회복이 불가능하였다고 했습니다.

김재규 씨의 거사 후 한국 정세는 김재규 씨가 말한 대로 자유민주주의 회복을 위한 과도기에 들어섰습니다. 그 어마어마한 긴급조치도 해제되었습니다. 우리는 김재규 씨의 최후진술이 진실이라고 믿고 그의 논리가 타당하다고 봅니다.

그런데 그는 사형선고를 받고 있습니다.

그러므로 우리들은 김재규 씨가 새 민주헌법 정부 아래서 공개되는 민간재판으로 심판받도록 하는 것이 국민들의 여망인 줄 압니다. 사건의 중요성으로 보아 성급한 처형이 있어서는 안 된다고 판단하며, 따라서 적어도 그의 처형만은 유보되도록 조처하여 주시길 각하께 간청하는 바입니다.

해외에서도 구명운동 활발

김재규 등의 구명운동은 해외에서도 활발히 전개되었다. 다만 국내 언론에는 소개되지 않았다. 3·1운동(혁명) 제61주년을 맞아 3월 2일에 미국 뉴욕의 플러싱 한인교회에 모인 교민들은 성명을 통해 6개 항을 한국 정부에 요구했다.

1. 계엄령을 조속히 해제하라!
2. 모든 양심범의 석방과 민주인사들의 공민권 회복을 조속히 실현하라!
3. 군은 군의 본연의 자세로 돌아가라!
4. 김재규 씨에 대한 군사재판을 속히 중단하라!
5. 유신잔당들은 국민 앞에 사과하라!
6. 민주헌정의 회복을 조속히 실현하도록 하고 통일문제는 새 민주정권에 맡겨라!

비슷한 시기에 미국에서는 하버드 대학 법과대학 극동법률연구소 책임을 맡은 에드 베이커를 위원장으로, 다수의 한인 학자·종교인과 다수의 저명한 미국인이 참여한 '김재규 부장과 관련자 구명위원회'를 결성했다. 대한민국 대통령에게 보낸 「구명을 위한 청원」에서 "이 사건에 연루된 사람들을 처형한다면 희망과 화해의 꽃이 막 피려는 찰나에 슬픔과 분열, 나아가서 폭력까지 낳게 하여 자칫하면 닫혀진 문을 열게 한 이 계기를 무색게 하지 않을까 하는 걱정"이라며 사형 집행만은 하지 말 것을 청원했다. 서명자 명단은 다음과 같다.

안중식(목사), 에드 베이커(하버드 대학 법과대학 극동법률연구소), 모린 R. 버만(인권국제연맹 사무총장), 레오 베리(신부), 페기 빌링(북미 한국인권문제특위 의장), 로렌스 Y. 브롤드(신부), 윌리엄 J. 버틀러(국제법조협회 미국연합회장), 차상달(민권운동가), 조순승(교수), 최성일(교수), J. 코헨(하버드 대학 교수), 아드라이 W. 드윈(변호사, 뉴욕변호사회 전 회장), 버나드 J. 후라나겐(위체스터 주교), 토마스 J. 컴블론(디트로이트 보좌 주교), 티모티 J. 해링톤(위체스터 보좌 주교), 패리스 하비(목사), 그레고리 핸더슨(전 미 국무성 한국과장), 권병철(교수), 이상철(교수), 김순경(교수), 벤자민 H. 민(교수), U. T. Kim(교수), 스티븐 페돈(신부), 김철순(목사), 유기천(전 서울대 총장), 김상돈(전 국회의원, 서울시장), 임관하(교수), 이정식(교수), 도날드 레이노드(전 미 국무성 한국과장), 이재현(교수), 윌리엄 위플러(미국교회협의회 해외인권 국장), 이재진(교수), 윤종근(교수)

윤보선, 함석헌, 김대중의 '청원서'

유신시대에 재야의 대표적인 반유신 단체인 '민주주의와 민족통일을 위한 국민연합'의 공동의장 윤보선·함석헌·김대중은 1980년 4월 23일 대법원에 「김재규 전 중앙정보부장 등 10·26 사건 관련자들을 위한 청원서」를 발표했다. 장문의 내용 중 일부를 소개한다.

또한 사법부에 대해 우리들은 다음과 같이 호소합니다.

김재규 씨 등은 공정한 재판을 받아야 합니다. 이것이 소리 없는 전국민들의 절규입니다. 작금 경향 각지에서 그들의 재판에 대한 관심은 지대합니다. 그는 양심범이며 확신범입니다.

그럴진대 만약 그가 처형된다면 이는 우리 국민 모두가 우리의 민주

역사에 스스로 오점을 남기게 되는 일이며, 자손 만대에 길이 큰 죄를 범하는 일이 될 것입니다.

민주화 투쟁을 범국민적으로 전개하였으면서도, 자신을 불살라 그 계기를 마련한 장본인들에게는 죽음의 길을 가게 한 비겁했던 조상들로, 따라서 민주·민권·민족 의식의 훌륭한 성취를 후손에 전승시키지 못한 이 시대의 책무를 다하지 못한 조상들로 기록될 것이기 때문입니다.

때마침 앰네스티 국제사면위원회에서는 금년 들어 전 세계적으로 사형철폐운동을 전개하고 있습니다. 생명형인 사형제도가 전근대적인 야만적 보복행위일 뿐만이 아니라 만에 하나라도 오심이 있을 경우 그 원상회복이 불가능하기 때문입니다. 더욱이 정치범, 양심범, 확신범의 경우 사형제도의 실시는 반문명적, 반인륜적 폭거로 규탄받아야 마땅할 것입니다.

김재규 씨는 평소 일상생활에서도 민주 시민의 모범을 보여왔다고 합니다. 타인에게 겸손하였으며 이웃에 친절하였습니다.

중앙정보부장 재직 시 대통령에게 고언을 아끼지 않았으며 부하들에겐 자상하였습니다. 수사 당시의 모진 고문에도 조금도 비굴하지 아니하였으며, 재판 과정에서도 추호의 동요 없이 자신의 민주주의에 대한 신념을 피력하고 조국의 앞날만을 걱정했습니다. 자신에게는 어떠한 형벌이 내리더라도 명령에만 충실했던 부하들에겐 관대한 처분이 내려지기를 간원했습니다. 유연한 인품의 소유자로서 그의 언행은 보도에 접하는 국민들의 심금을 울렸습니다.

개인의 일신상의 부귀영화를 초개같이 버리고 오직 조국의 민주주의

회복에만 스스로를 투척하였기에 그는 오늘도 병마와 싸우며 차가운 감방에서 죽음의 그림자를 눈앞에 두고 있습니다.

'법관은 헌법과 법률에 의하여 그 양심에 따라 독립하여 재판한다'라고 헌법에 명시되어 있습니다. 사법부는 민주 양심의 최후의 보루입니다. 국가 권력의 남용을 저지하고 국민의 저항권을 보장하는 사법부마저 그 본연의 의무를 저버릴 때, 국민의 양심이 의지할 곳은 아무 데도 없습니다. 지난 유신체제 7년 동안 사회 어느 분야와도 마찬가지로 사법부 역시 독재의 그늘 아래서 국민의 소리를 외면하고 그 기능을 다하지 못하였다고 생각합니다. 참으로 통한스러운 일이었습니다.

최근 신현확 국무총리가 김재규 씨 사건의 재판이 종결되기 전에는 계엄령을 해제할 수 없다고 한 발언은 사법부의 독립성을 또다시 위협하고 있습니다. 사법부를 모독하고 있습니다. 온 국민이 서로 자제하며 민주발전을 도모하고 있는 이때에 어떻게 해서 특정 사건에 대한 재판이 계엄령 해제와 연루될 수 있단 말입니까? 사법부 당국은 외부의 개입을 허용하여 국민의 신뢰를 파괴하는 일이 있어서는 안 될 것입니다.

이제 우리의 역사는 독재와 민주 발전의 분수령에 놓여 있습니다. 유신잔재를 청산하고 대망의 민주헌정을 실현하려 하고 있습니다. 국민적 화해와 관용과 단결 속에서 모두가 과거를 반성하며 밝은 민주조국 건설을 향해 전진하고 있습니다. 오늘이 있게 한 김재규 씨에게 공명정대한 재판이 이루어져서 최소한 극형만은 면해져야 합니다. 이는 사법당국이 새 시대를 맞이하여 보여야 할 최소한의 의무입니다.[5]

13

국민 여러분, 민주주의를 만끽하십시오

사형 집행 하루 전 남긴 유언

미국의 인권운동가이자 목사였던 마틴 루서 킹은 "사회적 전환기의 최대 비극은 악한 사람들의 거친 비명이 아니라 선한 사람들의 소름 끼치는 침묵"이라고 말했다.

'선한 사람들의 소름 끼치는 침묵'과 '악한 사람들의 거친 비명'은 우리 현대사의 중요한 순간에도 있었다. 10·26 거사 이후의 한국 사회는 거대한 전환기였다. 유신체제의 질곡에서 벗어나 그야말로 서울의 봄 아니 '대한민국의 봄'을 맞이할 수 있었다. "선한 사람들의 소름 끼치는 침묵"이 아니었다면 말이다. 그런데 역사의 수레바퀴는 다시 과거로 되돌아갔다. 거기에는 "악한 사람들의 거친 비명"이 크게 작용을 했다.

유신의 핵을 제거함으로써 민주화의 막을 연 사건의 주모자가 진짜 내란을 일으킨 세력에 의해 '내란목적살인죄'로 극형을 선고받고, 《조선일보》가 "개만도 못한 인간"으로 낙인찍으면서 사태는 돌이키기 어렵게 되었다. 검찰의 논고와 재판관들의 판결문이 판박이가 되는 세태이고, 아무리 비상계엄의 상태였다고는 하더라도 '선한

사람들의 침묵'이 면책되는 것은 아닐 터이다. 박정희의 국장 행사
에는 200만 시민이 거리를 가득 메웠다.

10·26 거사를 일으킨 이들의 가족들, 재야 인사와 정치인들, 종
교계와 외국의 교포들까지 대통령과 관계기관의 수장에게 호소문
과 탄원서를 보내는 등 구명운동을 펼쳤으나 모두 무위로 돌아갔
다.

신군부가 광주에서 군홧발로 학살 만행을 벌이던 1980년 5월 24
일, 김재규와 그의 동지들의 사형 집행이 예정되었다. "사형 집행
은 극비리에 준비되었다. 5월 17일 비상계엄 전국확대에 따른 광주
사태로 시국의 앞날이 불투명했을 때 전두환을 중심으로 한 신군부
세력은 김재규의 존재가 하나의 불씨로 작용할 여지가 있다고 판단
했음인지 사형 집행을 서둘렀다."[1] 신군부가 이처럼 김재규와 그 부
하들의 처형을 서두른 이유는 "바로 민심의 불꽃이 김재규 구원 쪽
으로 향할 수도 있다는 판단 때문이었다."[2]

김재규는 결코 목숨을 구하는 데 급급해하지 않았다. 아니 오히
려 초연해 보였다고 해야 할 것이다. "사형 집행이 되기 하루 전인
1980년 5월 23일에 자신의 사형 집행이 바로 다음 날로 다가와 있음
을 직감했다. 당시 교도소 관계자들이 주요 재소자 관리를 위해 비
밀리에 녹음기를 품고 다닌다는 사실을 알고 (…)."[3]

변호인들에게서 대법원의 확정판결 내용을 들은 김재규는 죽음
(죽임)에 대비했다. 5월 23일, 어머니와 부인 등 가족과 이승에서 마
지막 면회를 했다. 이 자리에서 김재규는 『금강경』의 '응무소주이생
기심應無所住而生其心(응당 어디에도 머무름 없이 그 마음을 낼지니라)'이라는 구절로

법정에서 진술하는 김재규.

담담한 심경을 토로했다. 그리고 가족에게 30분간 유언을 남겼다.
유언은 수감 중인 남한산성 육군교도소에서 오전 9시부터 녹음으로
남겼다.

　그의 유언은 꽤 긴 편이다. 새가 죽음에 이르면 노래가 처량하고
사람이 죽음에 이르면 그 말이 진실해진다고 했다. 54년의 파란곡
절의 삶, 무엇보다 동향이고, 한때 은혜를 입었던 절대권력자를 살
해해야 했던, 10·26 거사에 나서지 않을 수 없었던 심경을 자신의
유언에서 진솔하게 밝혔다. 그의 유언은 빠뜨려도 되는 대목이 없
다. 그래서 네 차례로 나눠서 싣는다. 제목은 유언 중에서 임의로
뽑았다.

하늘의 재판에서는 이길 것

우리나라의 재판제도는 3심제를 원칙으로 하고 있다. 김재규는 그 사실을 잘 알고 있었다. 그런데 곧 사형당할 사람이 자신은 재판에서 이길 것이라 자신했다. 그 재판은 3심이 아니라 4심, 즉 하늘의 재판을 말하는 것이었다.

오늘이 5월 23일, 아침이군요.

내가 생각하기에는 내가 이 세상에서 마지막 남길 말을 남기고 갈 수 있는 최후의 날이 아닌가 이렇게 나는 감촉을 하고 그렇게 생각하면서 내 소회에 있는 이야기를 하고자 합니다.

나는 금번 1심, 2심, 3심─보통군법회의, 고등군법회의, 대법원 재판까지 3심까지를 거칠 예정이었는데, 난 또 한 차례의 재판이 있다 그렇게 생각하고 있어요. 그건 뭐냐 제4심인데, 제4심은 이것은 바로 하늘이 심판하는 것이다.

이것은 변호사도 필요 없고 판사도 필요 없고, 이것은 하늘이 정확한, 그야말로 사람이 하는 재판은 오판이 있을 수 있지만, 하늘이 하는 재판은 절대 오판이 있을 수 없습니다. 그러한 재판이 나에게 남아 있을 따름입니다. 그런데 나는 여기서 명확하게 얘기할 수 있는 것은 하늘의 심판인 제4심에서는 이미 난 이겼다. 다시 말해서 내가 목적했던 바 민주혁명은 완전히 성공을 했다. 그렇게 해서 자유민주주의가 이 나라에 회복이 되고 그것이 보장되었다는 사실은 나는 이것은 누구도 의심할 수 없을 뿐 아니라 서로들 이렇게 확신을 하고 있습니다.

그런데 나는 이렇게 생각을 합니다. 이미 자유민주주의의 물결은 세차게 흐르기 시작해서 이 나라에 자유와 민주주의가 회복되고 있다고 하는 사실은 천하공지의 사실입니다. 그런데 이것을 가로막는 세력이 있어서 여기 순조롭게 민주회복이 되어 나가지 못하고 장해를 받고 있습니다.

그러나 이것은 시간문제가 되지 천하의 대세는 사람으로서 막을 수 있는 것이 아닙니다. 나는 여기서 이런 비유를 하나 들어서 이야기를 해보고 싶습니다.

예수 그리스도께서 십자가에 못 박히지 않았던들 오늘날 예수 그리스도가 있었겠느냐? 이렇게 생각하듯이 오늘날 우리나라의 민주회복에 있어 가지고서도 나의 희생 없이 이 나라의 민주회복이라고 하는 것은 "확실히 보장되었다"고 이렇게 이야기하기 좀 힘듭니다. 그것은 왜냐하면 자유민주주의의 고마움을 애절하게 느끼는 부류의 국민들도 있고, 또 그렇게 심각하게 느끼지 않고, 필요하지만 그렇게 심각하게 느끼지 않는 이런 부류도 없지 않다 이렇게 생각이 드는 것입니다.

집권욕에서 10 · 26 하지 않았습니다

김재규는 유언에서 검찰이나 재판부 그리고 유신체제의 일각에서 10 · 26을 자신의 집권욕으로 몰아붙인 데 대해 이를 강력히 부정하면서 민주혁명이었음을 거듭 설명한다.

그렇기 때문에 나의 죽음, 즉 나의 희생이라고 하는 것은 무엇을 의미하느냐 하면은 우리나라 모든 국민이 동시에 자유민주주의가 절대 필요하고 자유민주주의는 절대 회복되어야 하겠구나 하는 것을 전체 국민이 아주 확실히 깨닫게 되고, 또 그것을 아주 확실히 자기 몸에다가, 목에, 자기 가슴에다가 못 박고 생각할 수 있는 이런 계기가 될 것입니다. 그렇기 때문에 나는 나의 요번에 희생이라고 하는 것은 민주주의의 아름다운 꽃과 열매를 맺기 위한, 민주주의라고 하는 나무의 거름이다 이렇게 생각합니다.

때문에 나는 지금 이 시간이 된 것을 명예롭게 생각하고 또 보람으로 생각하고 또 매우 즐겁습니다. 이것은 나의 심정을 바로 이해해주는 사람, 바로 나의 뜻을 짐작할 수 있으리라 나는 생각합니다.

그래서 아무쪼록 이 모든 국민들이 민주주의의 고마움, 민주주의의 귀중함, 또 민주주의라고 하는 것은 우리 스스로가 지켜야지 누구도 지켜주지 않는다는 것, 또 우리가 민주주의를 등한히 하면은 꼭 민주주의는 우리 몸으로부터 또 멀어진다고 하는 것, 그런 경우에는 또다시 많은 희생을 치르지 않고는 민주주의 회복이란 것이 아니 된다고 하는, 이러한 심각하고 중요한 문제를 우리 국민들이 이해를 해주셔야 된다, 그걸 내가 국민들에게 간곡하게 부탁을 드리고 말씀을 드리고 싶은 구절이에요.

그리고 나는 지금 이 대세가 어떠한 일부 세력에 의해서 가로막힌다는 걸, 이것은 우리 국가적으로 볼 때, 우리 국민 전체적으로 볼 때 매우 불행한 일인데 이분들이 빨리 눈을 떠서 감정을 초월하고 정말로 진정으로 나라와 국민을 생각해서 자기들이 어떻게 해야 되겠는가, 어떤 길이 정도이고 어떤 길이 진리고, 어떤 것이 소위 바른길인가 하는 것을 빨리 깨달아서 나라의 국기가 흔들리지 않도록 빨리 바로잡아줘야 되겠다, 이렇게 생각합니다.

만일 이것이 흔들리게 되면 정치적으로 혼란이 오는 것은 물론이고 경제적으로도 모든 발전이 저해가 되고 또 국민의 마음은 결국은 이것은 하나 된 불씨가 되지 못하고 나아가서는 그 결과가 어떤 불행한 결과를 자아낼는지 누구도 예측하기가 어려울 것입니다.

그렇기 때문에 나는 지금 우리 혁명의 대*자유민주 회복의 대혁명에 대해서 가로막는 이러한 세력들에 대해서 진심으로 나는, 마지막으로 진심으로 부탁드리고 싶은 것은 사사로운 마음을 버리고 개인의 감정을 초월하고 오로지 국가와 민족을 위한, 나라의 장래를 위해서 더욱 튼튼한 국가를 위해서 어떻게 해야 되겠는가 하는 것을 똑바로 파악을 하고 판단을 해달라 이렇게 이야기하고 싶습니다.

나는 이렇게 안 되기를 희망하지마는 경우에 따라서는 나의 희생 후에 또 다른 희생이 파생될지 모릅니다. 그러한 불행이 제발 없어지기를 나는 진실로 바랍니다만, 이것은 하늘이 소위 민주회복을 하고 난 이후에 이 나라의 민주회복이 무엇 때문에 이렇게 늦어졌느냐, 또 무엇 때문에 우리나라의 민주주의가 병들었느냐, 이러한 여러 가지 문제들이 결국은 민주회복이 되고 난 후에는 우리 국민들은 이것을 심판하려고 들 것입니다. 그때는 내가 볼 때에 지금 생각지도 못하는 이러한 불행이 도사리고 있을지도 모릅니다. 그러니 그렇게 되지 않기를 나는 바라마지 않습니다.

그리고 내가 끝으로 몇 말씀 이야기할 것은 내가 명확하게 해두고 싶은 것이 한두 가지 있습니다. 그것은 지금 나에 대해 가지고 내가 집권욕을 가지고 10·26 혁명을 했다, 이러한 이야기를 하는 일부가 있는 걸로 압니다. 특히 조사를 담당했던 분들이라든가 혹은 재판을 담당했던 분들이라든가 또 일부 유신체제의 중요한 위치에 밀착되어 있었던 사람들, 이런 사람들이 결국은 그 결과 그 국가의 권력을 내가 차지할 수 있다, 이것은 상식적으로 있을 수가 없는 일입니다.

다시 말해서 나는 그 집권욕이라고 하는 이러한 문제는 내가 꿈에도 생각해본 일이 없습니다. 특히 나는 10·26 혁명을 사실은 1972년 10월, 10월 유신이 반포되고 헌법이 반포된 그 직후에 그 헌법을 보고 그 때부터 안 되겠다, 이 체제는 독재체제인데 이것을 깨야 되겠다, 이걸 내가 이미 발상을 하기 시작한 것이 그때입니다.

민주회복으로 혼란 극복하길

김재규는 죽음을 앞두고 자신의 거사로 국가의 혼란이 일어나지 않고 하루속히 민주회복을 통해 사회가 안정되길 간절히 기원했다.

그 이후에 나는 네 차례에 걸쳐서 여러 번 이 혁명을 구상했었고, 또 이런 물리적인 혁명에 의한 방법이 아닌 그야말로 박 대통령 스스로가 이것을 시정할 수 있는 이런 방법으로 하기 위해서 참 나는 수백 번 건의를 했습니다. 여러 가지 방법으로. 그러나 방법이 없었던 것입니다. 그래서 마지막에 나는 부득이 내 목숨 하나를 바치고 그렇게 해서 이 나라에 자유민주주의를 회복시켜야 되겠다, 이렇게 생각을 했던 것입니다.

따라서 나는 여기에 내가 추호도 집권욕을 가지고 집권을 하기 위해서 나의 가장 가까웠던 대통령을 희생시켜가면서 했다고 하는 이것은, 여러분들이 참…… 나의 진의를 그대로 파악하지 못한 인간 소치에서 나온 것이니까 이러한 오해는 절대 없어지기를 바랍니다.

나는 백 번 죽어가도, 내가 집권을 하기 위해서 대통령을 희생시키고 또 혁명을 했다, 이것은 나는 참 하늘에 맹세하고 내가 말할 수 있습니다. 그러한 일이 없었다고 하는 것을 음…….

그다음에 내가 말씀을 드리고 싶은 것은 이 사회가 현재 지금 매우 혼미스러운 상태에 있는데, 이 혼란이라고 하는 것은 지금과 같은 이런 상태가 오래 계속되면 이런 혼란이 오기 마련입니다.

그렇기 때문에 내가 계획했던 혁명에 있어 가지고도 3개월 내지 5개월 이내에 완전히 이 민주회복을 끝마쳐야 된다, 그렇게 해서 새로운 정권이, 민주정권이 서서 완전히 국가에 대한 모든 대권을 장악해가지고 책임을 지고 우리나라 정치 문제를 다뤄나가야 된다, 이렇게 생각했던 것입니다.

그런데 지금은 이미 7개월 곧 넘어갑니다만 아직까지도 그런 전망이 보이지 않는다는 것은 앞으로 매우 염려스럽습니다. 그래서 원컨대 빨리 민주회복을 해서 지금 현재 사회적으로 혼란한 이런 문제를 빨리 극복을 해야 됩니다.

우선 정치적으로 안정이 되어야만 경제적으로 안정이 됩니다. 그리고 특히 우리 저희 민주주의 사회에 있어 가지고는 기업도 살리고 또 사용자들도 근로자들도 결국은 복된, 이런 생활을 누릴 수 있도록 양쪽으로 다 보장을 해야 됩니다.

지금 내가 알기에는 큰 기업들이 자꾸 도산이 된다든지 혹은 중소기

업들이 몰락이 된다든지, 또 영세한 근로자들이 박봉에 허덕여 가지고 결국은 난동을 부린다든지, 이러한 여러 가지 문제들이 자꾸 생기고 있는데 국가가 이 문제를 심각하게 생각하고 빨리 해결하지 않을 것 같으면 앞으로 어떤 문제가 생길는지 예측하기 어렵습니다. 이 결과를 신중하게 생각해주어야 되리라고 봅니다.

국민 여러분, 민주주의를 만끽하십시오

김재규는 유언의 마지막 대목에서 내일 사형 집행이 될 것이라 예감하고, 그저 자신의 명령에 충실히 따른 부하들을 걱정하면서 정상참작이 없음을 안타까워했다. 그리고 끝으로 "국민 여러분, 민주주의를 만끽하십시오"라는 말로 유언을 마무리한다. 그가 남기고자 한 유언의 모든 것이 이 말에 함축되었다고 할 수 있다.

그다음에 나는 내 동지, 나를 포함해서 7명이 됩니다만, 이 동지들에 대해서 나는 여러분들에게 확실히 말씀드리고 싶은 것은 나와 이념을 같이하고 이 혁명에 가담을 했던 나의 동지들입니다. 이 동지들은 나와 마찬가지 이러한 신념을 가지고 있습니다. 또 지금도 자기의 죽음을 조금도 두려워하지 않을 뿐 아니라 나 이상으로 그 확고부동한 신념을 가졌다는 것을 나는 듣고 알고 있습니다.

심지어 김태원이라고 하는 동지 한 사람은 와전옥쇄瓦全玉碎다, 기왓장으로 온전한 것보다는 옥이 되어서 그야말로 분쇄되겠다 하니 얼마나 숭고한 이야기입니까. 이러한 이야기를 한 동지들, 참 귀중하고 참 자랑스럽고 사랑스러운 나의 부하들입니다.

그런데 나는 요번에 이 재판의 결과가 이러한 결과가 나왔습니다만 참고적으로 내가 하나 말씀드리는데, 그래서 난 이거 뭐 좋은 이야기 아닙니다만, 일본의 예를 들어서 하나 말씀드린다고 하더라도 일본의 과거의 5·26 사태니 2·26 사태니 하는 사건들이 있습니다만 그때 그 사람들은 장교들만 책임을 졌지 하사관과 병에 대해서는 책임을 지우지 않았습니다. 왜? 그것은 그 사람들이 잘하고 잘못하고 그런 단계를 초월해서 군대라고 하는 조직이 유지가 되는 데 있어서는 그 역경에서 전쟁을 수행할 적에 부하들이 명령을 선택적으로 받아서 그 수행을 한다, 만일 이러한 기풍, 이런 것이 있다고 하면 군대는 존립을 할 수가 없을 것입니다.

바꿔 말해서 부하라고 하는 것은 상관의 명령을 무조건 받아들일 수 있는 이러한 관계가 아니면 군대의 명령계통이라고 하는 것은 존립할 수가 없는 것입니다. 만일 상관이 명령을 했을 적에 이것이 정당한 명령인가 아닌가 판단을 해서 정당할 적에만 내가 이행을 한다, 이렇게 생각해보십시다. 전쟁에서 만일 어떠한 종교를 독실하게 믿는 사람이 있다고 합시다. 적을 보고 총을 쏘라고 했는데 내가 가지고 있는 신앙의 정신에 입각을 하면 나는 총을 쏠 수가 없다 해서 거절한다고 합시다.

그 전쟁을 전투를 해서 전승을 할 수 있겠습니까? 이것은 조그마한 비유의 한 예에 불과한 것입니다만 절대로 명령이라고 하는 것은 이것은 절대권을 가진 절대이지, 이것이 선택적으로 받아들여지고 안 받아들여지고 해서는 아니 된다고 생각하는 것입니다.

따라서 요번에 나는 이 혁명을 결행하기 위해서 내 부하 6명에 대해서 강력한 명령을 했습니다. 이 사람들은 나의 명령을 100% 그대로 받았습니다. 그렇게 해서 자기 임무를 충실히 수행해 가지고 아주 완전히 자기 임무를 완수했습니다. 나는 이것은 참 본받을 만한 일이라고 봅니다. 그러나 적어도 재판 과정에 있어 가지고서는 이 문제에 대해서는 명령을 한 나와 명령을 받아 가지고 이행한 이 사람들의 이 관계는 충분히 정상참작이 되어서 판결이 되었어야 하는데 그러한 것이 없다는 것이 아쉽습니다.

그리고 오늘이 금요일입니다만, 내 영감으로 마음에 잡히는 것은 내일 토요일, 내일 오전밖에 일이 없으니까 내일 오전 중에 나의 형을 집행하는 마지막 순간이 되지 않을까 이렇게 생각이 되는데 적중될는지 안 될는지 모르겠습니다만 내 영감으로 잡히는 것입니다.

그래서 나는 아무 누구의 염려 없이 아주 유쾌하고 또 명예스럽고 또 이런 자유민주주의를 회복했다는 그 자부와 내가 이렇게 감으로써 자유민주주의는 확실히 보장되었다는 이러한 또 확신과 이걸 가지고 나는 즐겁게 갑니다.

아무쪼록 대한민국의 무궁한 발전과 대한민국 민주주의의 영원한 그러한 발전과 10·26 민주회복 혁명, 이 정신이 영원히 빛날 것을 저는 믿고 또 빌면서 갑니다.

국민 여러분, 민주주의를 마음껏 만끽하십시오. [4]

서대문구치소에서 교수형 집행

운명의 날인 1980년 5월 24일의 여명이 채 밝기도 전인 새벽 3시경,

김재규를 태운 호송차량이 육군교도소를 출발한 지 1시간 만에 서대문구 영천의 서울구치소에 도착했다. 그리고 김재규는 보안청사의 지하실 독방에 수용된다.

서대문구 현저동 101번지. 이곳은 지금 서대문독립공원으로 조성되었으나 일제가 대한제국을 침략하면서 가장 먼저 지었던 서대문형무소였다. 일제강점기에 수많은 의병과 항일지사가 이곳에서 생명을 잃거나 고초를 겪었다. 의병장 이인영을 필두로 김구·안창호·여운형 등 독립지사, 손병희·한용운 등 민족대표들, 강우규 의사, 유관순 등 3·1 혁명 관련자 수천 명, 해방 뒤에는 진보당 조봉암, 인혁당 사건 관련자 등이 여기서 모진 고초를 겪거나 형장의 이슬로 사라졌다. 서대문구 현저동 101번지는 이렇듯 민족의 수난과 한이 맺힌 곳이다.[5]

우연이었을까. 현저동 101번지에 잠시 수감된 김재규의 수형번호가 101번이었다. 이곳으로 신새벽에 이감될 때 그는 곧 형이 집행될 것을 예감했다. 그리고 담담한 심경으로 최후의 순간을 맞았다. 독실한 불교 신자였으나 대기하고 있던 스님의 예불도 거부하고, "나는 국민을 위해 할 일을 하고 갑니다. 나의 부하들은 아무런 죄가 없습니다"라는 말을 남기고 생을 마감했다.

그로부터 3시간 후 아침 7시 정각, 김재규는 사형 집행실로 향했다. 집행관이 유언이 있느냐고 물었다. 그는 이미 전날 녹음으로 유언을 남겼음인지 짧게 두 마디를 했다.

"나는 국민을 위해 할 일을 하고 갑니다. 나의 부하들은 아무런 죄가 없습니다."

죽는 순간까지 부하들이 눈에 밟혔다. 집행관이 다시 스님과 목사를 모셨으니 집례를 받겠느냐고 물어도 눈을 꼭 감은 채 아무 대답이 없었다. 고광덕 스님과 김준영 목사가 새벽부터 나와 대기하고 있었다. 김재규는 다만 "나를 위해 애쓰시는 여러분께 감사드립니다"라고 하직 인사를 했다.

사형이 집행된 후 그의 손에는 집행의 충격에도 불구하고 긴 염주와 작은 염주 2개가 그대로 손에 꽉 쥐어져 있었다. 독실한 불자가 스님의 예불을 왜 마다하였을까? 그의 말대로 이미 성불의 경지에 이르렀기 때문일까. 아니면 구차한 절차를 생략한 채 모든 것을 홀홀 털어버리고 피안으로 가고 싶었던 것일까?[6]

김재규는 54살에, 10·26 거사를 통해 독재자를 암살한 지 6개월 28일 만에 수많은 의병과 독립지사들이 고초를 겪고 순국한 그곳에서 형장의 이슬로 사라졌다. 김재규의 교수형이 집행되고 나서 1시간 단위로 박선호 등 부하들도 차례로 형이 집행되었다. 현역 군인이었던 박흥주 대령은 단심이어서 3월 6일에 이미 총살형으로 처형되었다.

신군부는 시신을 육군통합병원으로 옮기고 동생 김항규 씨에게 "시체를 빨리 치우지 않으면 화장을 하겠다"라고 협박조로 연락했다. 그때야 부인과 유족은 육군통합병원으로 달려가 시신을 확인하고 오열했지만 그는 이미 이승의 사람이 아니었다.

김영희 여사는 처형된 다섯 사람들(김재규 장군과 4명의 부하들)의 수의를 똑같이 주문하여 육군통합병원으로 갖고 갔고, 유가족들은 3일장도 못 지내고, 바로 그다음 날 서둘러 장례를 지내야 했다. 장례 날 육군통합병원에서 삼엄한 헌병들의 경계와 안내(?) 속에 다섯 구의 시신은 각각 다른 방향으로 발인시간을 달리하여 나갔고, 김재규 장군의 시신이 든 영구차는 앞, 뒤로 무장한 헌병 1개 소대의 호위(?)를 받으며 영정도 앞에 못 모시고 뒤에 따라가도록 하였다. 김재규 장군은 죽어서도 유언대로 묻힐 수가 없었다.[7]

김재규 장군은 변호인과 가족들에게 국군동정복을 입혀 매장하고, 묘비에는 '김재규 장군지묘'라고 쓰고, 그리고 부하들과 한 곳에 묻어달라고 별도의 유언을 남겼다. 그러나 신군부는 시신에 동정복도 못 입히게 하고, 부하들과 함께 묻히는 것도 막았다.

김재규 장군은 당일 경기도 광주군 보포면 능곡리의 삼성공원 묘지에 제한된 유족과 많은 기관원이 지켜보는 가운데 매장되었다. 박흥주 수행비서는 경기도 포천 천주교회 묘지에, 박선호 의전과장은 경기도 고양군의 공원묘지에, 이기주 경비원은 경기도 양주군 구내면 공원묘지에 따로 묻혔다.

꽃도 십자가도 없는 무덤

프랑스가 히틀러의 나치에 점령당했을 때 레지스탕스 운동에 나섰던 클로드 모르강은 〈꽃도 십자가도 없는 무덤〉이라는 시를 지어 먼저 간 동지들에게 바쳤다.

　　몸짓도 없고 꽃도 없고
　　종소리도 없이
　　눈물도 없고 한숨도 없이
　　사나이답게
　　너의 옛 동지들
　　너의 친척이
　　너를 흙에 묻었다
　　순난자殉難者여!
　　흙은 너의 영구대
　　꽃도 십자가도 없는 무덤
　　오직 하나의 기도는
　　동지여
　　복수다. 복수다
　　너를 위해……[8]

14

10·26 재평가와 명예 회복

역사반동기에 송죽회가 세운 묘비

김재규를 비롯해 '10·26 거사'에 가담했던 일곱 명과 수많은 광주 시민을 제물로 삼아 전두환 일당이 정권을 탈취했다. 그들이 내세운 기치가 이른바 '정의사회'였다. 그리고 1981년 1월에 '민주정의당'이라는 관제정당을 만들어 권력에 굶주린 정상배·어용학자·곡필 언론인들을 끌어모았다. 이승만이 국민의 자유를 짓밟으면서 '자유당'을 만들고, 박정희가 '민주공화제'를 말살하면서 '민주공화당'을 만들었듯이, 전두환 일당은 '민주와 정의'를 유린하면서 '민주정의당'을 창당했다. 자신들의 정체성과는 전혀 맞지 않는 당명을 내거는 뻔뻔함은 그 후예 정당들도 마찬가지였다.

다시 역사의 반동기가 가속화되었다. 1980년 8월 16일에 대통령 최규하가 사임하고, 11일 만인 8월 27일에 전두환이 대통령이 되었다. 육군대장으로 예편한 전두환이 국가보위비상대책위원회 상임위원장이라는 감투를 벗고, 박정희가 만든 통일주체국민회의 선거에서 단일 후보로 출마해 2,524표를 얻어, 99.9%의 득표율로 대한민국 제11대 대통령에 선출되었다. 체육관에서 치러진 형식적인 선거라지만 99.9%의 지지율은 국제사회의 조롱거리가 되기에 충분했다. 역시 유신의 유산이었다. 《조선일보》가 '인간 전두환'이라는 특집기사를 꾸며 '아량과 청렴결백'을 홍보한 것도 99.9%에 영향을 끼쳤을지 모른다.

전두환은 권력욕이 박정희에 못지않았다. 그는 최규하의 잔여 임기에 만족할 인물이 아니었다. 국가의 기본법이라는 헌법도 입맛대로 뜯어고쳤다. 여러 가지 구실을 붙였지만 주요 목표는 자신이 대통령이 되는 방법이었다. 어용 헌법학자와 지식인들을 모아 개헌안을 만들었다. '통대' 대신 '선거인단'을 구성하여 대통령을 뽑는 제도였다.

개헌안은 국민투표에 부쳐져 95.5%의 투표와 91.6%의 찬성으로 통과되었다. 유신시대처럼 정부의 '찬성 계도'만 허용된 결과였다. 1981년 2월 25일, 전두환은 만만한 야당 후보 셋(민주한국당 유치송, 한국국민당 김종철, 민권당 김의택)을 들러리 후보로 내세워 90.2%의 득표율로 7년 임기의 제12대 대통령에 당선되었다. 취임사가 걸작이었다. '전쟁 위협'과 '빈곤' 그리고 '정치적 탄압과 권력 남용' 등 세 가지 고통으로부터 해방시키겠다고 다짐했다. 참고로 제11대 대통령으로 당선되었을 때 취임사에서는 '민주주의의 토착화'와 '정의로운 사회 구현' 등을 이루겠다고 공언했다.

이렇게 하여 전두환 정권이 출범했다. 헌정사적으로는 다섯 번째 공화국이라 하여 일명 '5공五共'이라고도 불렸다. 그러나 '공화국共和國'이란 공화제를 실시하는 국가이며, 국가의 주권은 국민에게 있고, 국민이 선출한 대표자가 통치하는 나라라는 뜻에서 전두환 정권을 공화국이라 부르는 것은 어불성설이다. 실제로는 한국인이 20세기에 맞은(當한) 다섯 번째 공포恐怖라는 뜻에서 '5공五恐'이라 부르는 게 더 정확하다. '일제강점→미 군정→이승만 독재→박정희 독재→전두환 독재'로 이어지는 한국 현대사는 말 그대로 '공포시대'였다. 국민에게는 승냥이를 피하다가 늑대를 만난 격이 되었다.

반민주적이고 정의롭지 못한 무리가 '민주'와 '정의'라는 고귀한 용어까지 훼손하고, '기레기'들이 장단치는 세상에서 김재규 장군의 유족이 숨 쉴 수 있는 공간은 비좁았다. 구명활동에 나섰던 사람들도 된서리를 맞았다. 10·26 거사는 결과적으로 '늑대'들의 무대를 만들어준 꼴이 되고 말았다. 역사는 다시 퇴보했다.

장례 후 김재규 일가는 갑자기 조용해졌다. 매일같이 주둔해 있던 헌병들도 철수했고, 혹간 협박성 전화도 거의 끊기다시피 했다. 간혹 김재규 장군의 과거 부하들이 주위의 눈총을 아랑곳하지 않고 용감하게 다녀가기도 했으나, 찾아오는 방문객이 거의 없어 김재규 장군댁은 귀신 나오는 집처럼 으스스할 정도였다.

노모 권유근 씨는 육군교도소로 김재규 장군을 두 차례 면회 간 후 김재규 장군 묘소에는 한 번도 가지 않았다. 아들이 먼저 갔는데, 산소에 갈 면목이 없다는 것이다. 노모는 김재규 처형 후 봉화군 소재의 현불사에서 3년 정도 기도하며 김 장군의 극락왕생을 빌었고 (…)[1]

김재규 장군은 대법원 판결 뒤 교도소를 찾은 부인의 목에 염주를 걸어주며 유언을 남겼다.

내가 죽으면 불교에 귀의하여 만사를 부처님에게 의탁해서 사시오. 부하들의 유가족을 잘 보살펴주시길 부탁하오. 내가 죽고 나면 나의 묘 옆에 당신의 묘소를 마련하고, 좌우에 두 분의 대령들(박선호와 박흥주)을 묻고, 그 양옆으로 세 사람의 부하들을 묻어 사육신묘처럼 만들어주시오. 관에 들어갈 때 장군의 옷을 입혀주시오. 장군으로 죽고 싶소. [2]

그러나 남편의 이 같은 간절한 유언을 부인은 실행할 수 없었다. 재산은 모두 몰수당하고, 묏자리도 마음대로 정하지 못하고, 장군의 동정복도 입혀 보낼 수 없는 처지였기 때문이다.

아무리 폭압의 시대라도 의義의 정맥은 끊이지 않는다. 김재규가 처형당하고 9년의 세월이 지난 1989년 2월 24일, '5월의 아픔'을 겪은 전남·광주의 민주인사들이 모인 송죽회松竹會 회원들이 김재규를 추모하여 '의사 김재규 장군지묘'라는 묘비를 세우고, 해마다 기일이면 김재규의 묘를 참배했다. '김재규 장군'은 고인이 생전에 듣고 싶었던 호칭이었다. 비석 뒷면에는 추모시가 새겨져 있는데, 그 내용은 다음과 같다.

먹구름이 하늘을 덮고
광풍 몰아 덮칠 때에
홀로 한 줄기 정기를 뿜어
어두운 천지를 밝혔건만
눈부신 저 햇살은 다시 맞지 못하고
슬퍼라 만 사람 가슴을 찢는구나

아! 회천의 그 기상 칠색 무지개 되어

이 땅 위에 길이 이어지리.

유신 잔당이나 전두환 광신도들에게는 이런 비문도 못마땅했던 것일까. 비석이 세워진 지 얼마 뒤 누군가 비석의 '의사'와 '장군'이라는 글자를 쪼아 상처를 내어 훼손했다. 그 흔적은 지금도 고스란히 남아 있다.

10·26 재평가와 김재규 장군 명예회복위원회 출범

다시 긴 세월이 흘렀다. 1987년 6월항쟁으로 전두환과 노태우 일당이 단죄되고, 김영삼 정부에 이어 1998년에 김대중 정부가 수립되면서 최초의 수평적 정권교체가 이루어졌다. 국민은 모처럼 민주화를 만끽할 수 있는 세상을 맞았다. 이런 분위기에서 2000년 5월 24일, 경기도 광주시 오도면 삼성개발공원묘역에서 김재규 장군 20주기 추모식이 열리고, 이어 '10·26 재평가와 김재규 장군 명예회복 추진위원회'(상임대표 함세웅 신부)가 꾸려졌다.

그동안 음지에서 이를 꾸준히 추진해온 함세웅 신부와 강신옥·안동일 변호사 등의 숨은 노력이 있었기에 가능한 일이었다. 이날 모임에는 김재규 장군 구명운동의 신호탄을 쏘아 올린 천주교정의구현전국사제단의 김승훈·함세웅 신부, 유현석·이돈명·강신옥·안동일 변호사, 광주 전남의 송죽회 회원들이 참석했다. '위원회'를 이끈 함세웅 신부는 소회를 이렇게 표현했다.

정당방위의 원리는 공동체에도 그대로 적용되어야 합니다. 공권력을 남용한 정부도 공동선의 원리에 따라 국민의 이익과 공동체의 저항권을 통해서 타파되어야 하지요. 이토 히로부미를 사살한 안중근 의사의 결단이 바로 그런 것입니다. '살인하지 말라'는 십계명은 남의 생명을 해치지 말 것과 함께 자신의 생명을 귀중하게 지킬 것을 명하는 것이지요. 공권력의 횡포와 정부기관의 이름으로 자행되는 권력의 남용과 폭군적 압제하에서 민중의 저항권은 성서와 교회가 함께 확인한 보편적인 원리입니다.

박정희는 불법적 반란으로 민주정부를 전복한 공동체의 적이며, 권력남용과 잔인한 폭력으로 무죄한 사람을 죽이고 가둔 공동체의 암적 존재입니다. 인혁당 사건 같은 것이 대표적인 예입니다. 개인의 자유와 권리, 공동체의 선익을 위해서 박정희를 제거한 김재규 부장의 결단은 정당방위 차원에서 재해석되고 평가되어야 합니다.

1909년 10월 26일에 이토 히로부미를 사살한 안중근 의사와 70년 후인 1989년 같은 날인 10월 26일 박정희를 제거한 김재규 부장 두 분이 모두 목숨을 걸고 불의한 자를 제거했다는 같은 맥락에서 해석하고 연계해야 합니다.[3]

김재규의 구명운동과 명예회복운동에는, 사건 처음에는 국선이었다가 얼마 뒤부터는 사선변호사로서 활약한 변호사들의 노력이 지대했다. 이들은 「상고이유서」와 대법원 판사들의 「소수의견」을 구명운동에 활용케 하고, 김재규와 그 부하들이 형장의 이슬로 사라진 뒤의 엄혹한 시대에도 굴하지 않고 10·26의 진실과 김재규의 명예회복을 위해 노고를 아끼지 않았다.

김재규 변론에 앞장섰던 강신옥 변호사는 10·26을 재평가하고 김재규의 명예를 회복해주어야 한다며 다음과 같이 말했다.

우리들은 김재규 장군이 내란목적살인죄란 파렴치범으로 재판을 받고 사형당한 것은 잘못된 역사적 심판이고 김재규 장군의 10·26 의거야말로 나라를 위해 목숨을 바친 거사로 보아야 하고, 그의 명예를 회복시켜 주어야 한다고 생각하여 '10·26 재평가와 김재규 장군 명예회복'을 위한 모임을 만들게 된 것입니다.

민주화의 상징이었던 김영삼 정부나 김대중 정부에 실망한 국민들이 반사적으로 박정희 대통령에 대한 향수를 갖게 된 것도 사실입니다. 이런 분위기 때문에 상대적으로 김재규 장군에 대한 재평가에 부정적이거나 무관심한 현상이 있는 것도 사실입니다.

그렇지만 훌륭한 일을 한 사람에 대한 찬사와 그런 행동에 대해 제대로 평가해주지 못한다면 민족의 정기를 제대로 지킬 수 없다는 것을 알아야 합니다. 민족의 정기를 지킨다는 차원에서, 역사를 제대로 써야 한다는 뜻에서 10·26 재평가와 김재규 장군의 명예는 회복되어야 합니다.[4]

10·26 거사 이후 처음부터 끝까지 변론을 맡았고 명예회복운동에도 앞장선 안동일 변호사는 추모사를 통해 이렇게 이야기했다.

일제 36년의 잔재들이 여기저기 남아 있어 여태껏 과거사 청산의 이슈로 떠올라 있는 것처럼 군사정권 32년의 유산에서 우리는 자유롭지 못합니다. 저는 우리나라의 독립운동, 건국, 근대화 및 산업화, 그리고 민주화의 방향을 긍정적으로 평가하는 편입니다. 그러나 여러분이 유신의 심장을 멈추게 하여 자유민주주의의 회복을 가져왔지만, 안타깝게도 계층, 지역, 이념, 세대 등 사이의 갈등과 반목이 극심한 현실입니다. 그렇다면 어떻게 지혜롭게 함께 더불어 대한민국의 번영과 통일을 이룰 수 있을까요?

사랑하는 10·26 영령이시어! 김 장군과 저는 같은 불자입니다. 그래서 이에 대한 해답을 원효의 '화쟁和諍' 사상에서 찾으려 합니다. 자기의 견해만이 맞는다고 하는 오만과 집착에서 벗어나 부정과 긍정의 극단을 버릴 때 자유자재한 지혜를 얻게 될 것입니다. '화쟁'이야말로 '더불어 살고 나누며 사는' 이 시대를 꿰뚫는 화두일 것입니다.[5]

많은 사람과 여러 지역에서 10·26 사건과 김재규 장군을 외면하고 망각할 때 유독 전라남도 광주의 민주인사들이 만든 송죽회가 추모 비석을 세우고, 해마다 기일이면 묘역에서 추도식을 열었다. 그리고 그때마다 성명을 발표했다. 14주기인 1994년 5월 24일에 발표한 성명서 「김재규 의사의 역사적 재조명을 주창한다」의 주요 내용은 다음과 같다.

그분이 한 독재자의 영구집권에 일조했음을 부인할 수 없지만, 항상 가슴에 묻어두었던 자유·민주를 향한 열정은 그의 생애 곳곳에서 발견되고 있음도 부인할 수 없다.

그 어둡던 역사의 질곡에서 헤어나지 못하던 시절 부마항쟁을 비롯한 민주화의 열기가 용솟음칠 때 민중을 살육하며 영구집권을 획책하려 했던 독재자와 그 일당들에게 올바른 수습책을 건의했음에도 묵살당하는 등 철저히 반민중적·비윤리적 정치행태를 보여온 독재자를 그대로 둘 수 없다는 구국의 일념이 그분으로 하여금 거사를 할 수밖에 없었다는 점을 분명히 하고자 한다.

우리는 18년간의 서슬 퍼런 군부독재하에서 모든 것을 빼앗기고 말할 수 없는 고통을 감내하면서까지 민주화를 외쳤던 사실을 다시 한번 상기하면서, 의로운 한 인간의 조국과 민족을 향한 살신성인의 정신을 높이 평가하고자 한다.[6]

15

참고인들의 증언

민주화운동 관련자 명예회복위원회 열려

김대중 정부는 2000년 초에 '민주화운동 관련자 명예회복 및 보상심의위원회'를 국무총리 소속으로 구성했다. 관련법이 제정되면서 마련된 기관이다. 5·16 쿠데타로부터 시작된 헌정유린과 인권탄압에 맞서 민주화운동에 참여한 인사들의 명예를 회복하고 보상을 심의하는 위원회다.

필자는 당시 언론사에서 근무하던 중 국회의 추천으로 4년 동안이 위원회의 위원으로 참여했다. 정부·국회·사법부에서 추천한 10명으로 구성된 위원회는 군사독재 시대에 맞서 저항했던 각종 사건 관련자를 심의하여 명예를 회복시키고 보상의 길을 마련했다.

그러던 중 2002년 김재규 장군 추모모임은 유족과 협의로 민주화보상심의위원회에 고인의 '명예회복' 신청서를 냈다. 신청서가 접수된 이상 심의를 하지 않을 수 없다. 위원회에서는 먼저 10·26 사건의 진실을 파악하기 위해 담당 변호사와 검찰관과 기타 증인들을 참고인으로 초청하여 진술을 청취했다.

1주일에 한 차례씩 열리는 위원회의 회의였다. 박근혜 전 대통령이 한나라당 대표이던 시절이라, 서울 종로구 수송동에 있던 회의실 건물 앞에는 수백 명씩 몰려와 항의시위를 하고 위원회에 온갖 악담을 퍼부었다. 55년 전 반민특위 때와 별로 다르지 않은 양상이었다. 수사권이 없던 위원회는 연말에 "10·26 사건은 더 많은 자료와 역사적 평가를 요구하므로 심의를 보류한다"라고 결정했다.

여기에서는 위원회에서 필자와 참고인이 주고받은 질문과 답변을 중심으로 당시 상황을 들어본다. 질의하는 위원들이 많아서 질의와 답변이 제대로 이어지지 않았음을 밝힌다. 또한 참고인의 진술 중에 장황한 내용은 임의로 발췌했다.

예춘호 씨와 나눈 질의·응답

2004년 5월 11일 오전, 참고인으로 예춘호 전 공화당 사무총장을 초청하여 질의했다.

> 김삼웅 위원(이하 김삼웅): 제가 예춘호 선생을 잘 알고 있는 사람으로부터 직접 들은 이야기입니다. 3선 개헌 때 예춘호 선생께서 공화당 사무총장으로 계시면서 공화당 의장 정구영 선생을 존경해서 잘 모셨고, 정구영 선생이 정계에서 반강제로 쫓겨난 이후 김재규 씨가 군에 있으면서 정구영 선생과 정신적, 심정적으로 가까이했다는데, 사실입니까?
>
> 참고인 예춘호(이하 예춘호): 사실입니다. 정구영 선생의 자제분으로 전처 소생 4명, 후처 소생 3명이 있었습니다. (…) 김재규 씨가 군에

있을 때는 물론이고 그 후에도 셋째 아들과는 가깝게 지냈고, 그러한 일로 인해서인지는 몰라도 김재규 씨가 정구영 선생을 아버님으로 표현하더라고요.

김삼웅: 그러면 김재규 씨가 정구영 선생을 존경한 이유가 사적인 관계인가요?

예춘호: 당시 정구영 선생이 3선 개헌 반대를 하고 백담사로 쉬러 가는데 김재규 씨의 동생 김항규와 정구영 선생의 다섯째 아들이 동문이어서 연락이 되었는지 몰라도 3군단장으로 근무하고 있던 김재규 씨가 식사 대접을 하겠다고 하면서 차를 몰고 온 적이 있습니다. 평소의 정으로 생각한다면 당연한지는 몰라도 당시 정구영 선생이나 저나 감시를 받고 있는 상황인데도 예의를 갖추는 등 착한 마음씨를 보였는데 웬만한 용기가 없으면 할 수 없는 행동이었습니다.

김삼웅: 김재규 씨가 반체제 인사인 정구영 선생을 도와주었다는 사실이 중앙정보부 등에 체크가 되었을 것인데, 그 후 김재규 씨가 건설부장관을 하고 중앙정보부장을 역임한 사실과는 어떻게 연결이 될 수 있을까요?

예춘호: 김재규 씨와는 준장 때부터 자주 접촉해서 알고 지내는 사람입니다. 3선 개헌 이후 저는 제명이 되었지만 정구영 선생은 당에 남아 있으면서 개헌에 반대를 하니 당에서는 걸림돌이 되어 있을 때입니다. 당시 차지철 씨는 입신해서 국회 외무위원장을 역임한 바도 있고, 세상에서는 차지철 씨를 왈가닥으로 알고 있으나 6대 국회 때 처음으로 유서라는 것을 만들어서 열심히

공부를 합디다. 당시 청와대에서 김-오히라 파동으로 인해 김준연을 잡아넣으라는 지시가 있었으나 야당이긴 해도 같은 국회의원 입장에서 저희들이 반대를 했는데 차지철 씨가 20여 명의 국회의원을 지휘하는 등 대통령의 지시를 받아서 저희들의 동정도 살피고 보고를 한 것으로 알고 있습니다. (…)

김삼웅: 김재규 씨가 반체제 인사인 정구영 선생, 장준하 선생, 김영삼 총재를 도와주고 한편으로는 박정희 대통령에게 충성을 하여 군단장, 보안사령관, 건설부장관, 중앙정보부장 등을 한 것으로 보아 혹시 두 얼굴을 가진 사람은 아닌가요?

예춘호: 그것은 여러분들이 판단을 하시되 사건을 분리해서 보시라는 겁니다. 또 하나 지적하고 싶은 것은 그날 밤 안가에서 난장판이 벌어진 것 아닙니까. 박정희 대통령이 상처를 했을 때 착한 사람들이 주위에 있었다면 장가를 가라고 권유를 했을 것인데, 이상한 아가씨들을 갖다 바치는 등 연회를 개최하였는데 주역이 중앙정보부였으며 그 부분은 좋게 볼 수가 없습니다. 그분이 어떤 목적하에 일관되게 행동한 것은 아니고 어떤 때는 공을 다투듯 충성을 다하고 어떤 때는 양심에 반하는 경우도 있었다는 것입니다. 할 일 다 하고 좋은 자리 다하고 때로는 유하게 했지만 그래도 자기 생명을 걸고 죽일 정도면, 그 사람은 자기 생명을 던져도 되는 사람입니다. 그분의 행위를 의거라고 표현하는 것에 대해서 여러분들의 판단은 사회과학 입장에 있어야 한다고 생각합니다.

장호권 씨와 나눈 질의 · 응답

장준하 전 《사상계》 발행인의 장남 장호권 씨를 2004년 5월 11일에
참고인으로 초청하여 진술을 들었다.

김삼웅 위원: 제가 세 가지만 묻겠습니다. 장준하 선생께서 돌아가시기
　　얼마 전에 어딘가에서 김재규 씨가 건설부장관이 되는 것을 보
　　고 장관이 그렇게 좋은 것인가라는 개탄 비슷하게 하셔서 그런
　　과정에서 장 선생님과 김재규 씨 하고 심정적으로라도 어떤 것
　　이 있었던 것인지, 두 번째는 장준하 선생이 국회에 계실 때 외
　　무국방위원을 하시면서 월남 같은 데를 시찰한다던가 군부대
　　를 시찰을 하고 하실 때 김재규 씨가 대단히 국회의원들을 불
　　신하고 비리라든가 부패, 이런 것을 보면서 장준하 선생의 그
　　런 청렴한 생활을 보시면서, 김재규 씨하고 장준하 선생하고
　　상당히 군내에 어떤 뭔가를 노리는 뭔가를 구상하는 맥이 있었
　　지 않느냐, 세 번째는 사망하시기 직전에 김대중 씨를 방문하
　　고 광주에 가서 홍남순 변호사를 만나고, 또 임시정부에서 가
　　지고 오셨던 태극기를 이화대학에 기증을 하시고, 김구 선생
　　묘소에 가서 벌초를 하고 이런 것을 봐서는 일련의 뭔가를 기
　　획을 하다가 바로 그런 것이 중앙정보부에 캐치돼 가지고 암살
　　을 당한 것 아니냐, 이런 과정에서 김재규 씨하고 장준하 선생
　　님하고 어떤 그런 관계, 과연 우리가 민주화 명예회복 보상 대
　　상자로 선정을 하려면 그런 부분들에 대한 과연 그런 것이 있

었는지, 아까도 제가 예춘호 선생에게 두 가지를 물었습니다만, 상당히 그렇게 그런 면도 있고 상당히 한편으로 권력에 추종을 하고 그것을 보아서는 두 얼굴을 가진 사람인 것 같기도 하고 그래서 제가 3가지 질문에 대해서 아시는 대로 답변을 해 주시기 바랍니다.

참고인 장호권: 저는 그 당시 장준하 선생님의 소위 유신체제를 뒤엎기 위한 어떤 일련의 행동반경에 대해서 다 말씀드려야 되는데요, 그 당시 딴 쪽은 제가 말씀 안 드리고 김재규 씨와의 관계에 대해서 말씀드리면, 장준하 선생님이 국회 국방분과위원을 하시면서 군 장성들하고 많은 접촉을 하셨죠. 상당히 군 수뇌부에게 양심적인 정치인으로서 그다음에 존경받은 정치인으로 인정을 많이 받으셨던 것 같습니다.

그때, 신문에 나서 다 아시겠습니다만, 장교들의 옷을 동복을 줄여서 사병들의 부식으로 늘려야 한다 했고 그것을 관철시켰다고 해서 상당히 장군들이 놀랐다는 그런 이야기도 있었지만, 그 당시 김재규 씨하고 사실 김재규 씨하고는 저희 작은아버님 쪽하고 서로 아는 관계가 있었던가 봐요.

그래서 아마 그것 때문에 가깝게 지내는 계기가 되었는지 모르겠습니다만, 그때부터 김재규 씨하고 어떤 소위 개인적인 어떤 관계를 갖고 계셨던 것으로 저는 알고 있고요.

그다음에 돌아가시기 직전에 저희들한테도, 저도 수업을 많이 받았습니다만, 그 당시 예를 들어서 유신을 엎어버리기에는 어떤 소위 민주화운동하는 어떤 재야세력과 통하면 안 되겠다 그런 생각도 가지시고 군 쪽에서 어떤 물리적인 힘을 저지하기 위해서는 군 쪽하고도 서로서로 양해가 되어야 할 것이 아니냐 하는 그런 생각 때문에 아마 군 쪽하고도 많이 연계를 하셨던 것 같아요.

군 장성하고도, 제가 만나 뵌 분도 몇 분 있는데요, 그중에 김재규 장군도 포함이 됐던 것으로 알고 있습니다. 그런데 두 분이 어떤지 어떤 약조를 하고 어떻게 해서 유신을 부숴야 한다는 그런 구체적인 내용 같은 것을 저는 알 수가 없습니다.

단지 그런 관계 땜에 서로가 좀 이해관계가 맞지 않았느냐, 그러고 나서 다 아시는 사실입니다마는 아버님에게서 들었을 때는 상당히 재야세력하고 그다음에 소위 반유신 학생운동에 대해서 그 당시 박정희 정권에게 상당히 부정적인 측면을 많이 제기했다고 그렇게 하시더군요. 유신에 대해서는 상당히 부정적으로 바라보고 있으시다는 그런 이야기를 제가 들은 바가 있는 것 같습니다.

함세웅 신부와 나눈 질의 · 응답

김재규 장군 명예회복위원회를 이끄는 함세웅 신부를 5월 11일에 참고인으로 초청하여 질의했다.

김삼웅 위원: 제가 신부님께 한 가지 여쭤보겠습니다. 방금 신부님께서 말씀하신 부분에 저는 개인적으로는 대부분 전부 동감하고 있

습니다만, 다만 안중근 의사라든가 본 회퍼 목사 말씀을 하셨습니다마는, 안중근 의사 같은 분만 하더라도 의병대장을 하시고 농촌계몽운동을 하시고 또는 여러 가지 민족 독립을 위해서 애쓰시다가 결국은 마지막 목적을 위해서 총탄을 날렸고, 본 회퍼도 아시다시피 독실한 목회자 일을 하셨던 분이고 이렇게 일관되게 그런 일을 하셨던 것에 비해서 김재규 씨는 군단장도 하고 장관도 하고 국회의원도 하고 보안사령관도 하고 중앙정보부장도 하고 바로 독재정권의 하나의 핵으로서 활동을 해왔거든요.

그러다가 어느 날 그런 의거라고 할지 거사라고 할지 이런 일을 했는데 그게 과연 일관된 자신의 삶과 10·26 행위와 매치가 잘 안 되는 부분이, 그래서 결코 이걸 과연 민주화운동이라고 볼 수 있는 거냐, 다만 다른 명예회복이라든가 좋은 분들이, 훌륭하신 분들이 명예회복운동을 벌인 것하고 우리 위원회가 이걸 민주화운동으로 인정을 해야 되는 부분하고는 또 좀 많은 차이가 있지 않은가요?

참고인 함세웅: 제가 조금 대답 드리겠습니다. 비유로 두 가지를 말씀 드리고 싶은데, 첫 번째는 저희들도 70년에 운동하면서 중앙정보부 철폐하라, 이렇게 외쳤습니다. 사실 그때 중앙정보부는 정말 무서운 곳입니다. 저희들도 거기 체포되어 수사받으러 갈 때 떨고 그랬었는데 며칠 밤을 새우고 나면 저희들 몰골이 사람 모습이 아니지 않습니까. 화장실 가서 얼굴이나 그저 닦고 나오는데, 어느 분이 한번 저를 쿡쿡 이렇게 찌르셨어요. 깜

짝 놀랐어요. 수사관이었어요. 어이 신부님 떨지 마시고 소신
껏 말씀하세요. 우리 시대에 신부님 같은 분이 필요합니다, 이
러시는 거예요. 그래서 제가 깜짝 놀랐습니다. 혹시 내가 조사
받으면서 비굴하지 않았나, 비겁하지 않았나, 사제답지 못하지
않았나, 저를 지키는 수사관들도 저희들의 말을 다 듣고 계신
거예요. 그분들이 역사의 증언자이구나 생각하면서 정말 다시
수사관들을 다시 봤습니다. 그 뒤부터는 수사관들과 싸우지 않
고 가능한 한 인간적인 대화를 하도록 노력했습니다. (…)

또 그분이 살아온 군인으로서 삶은 제가 자세히는 모릅니다
만 아름답습니다. 또 과거에 교사를 하셨기 때문에 아름다웠
고, 또 6·3 데모 때 서울에 와서 이화여자대학교와 고려대학교
를 진군해서 진압사령관으로 임무했을 때 이화여대생들이 군
인들이 들어가니까 막 도망갔어요. 도망가면은 구두가 벗겨지
지 않습니까? 구두를 하이힐을 모은 게 정말 몇십 킬로가 됐어
요. 그랬더니 김재규 장군이 학생들이 늘 이렇게 사치해서 삶
을 살면 되는가, 오히려 꾸짖고 아파하고, 고려대학교나 이럴
때쯤 군인들을 시켜서 쉬는 시간에는 학교 청소시키고 교실 청
소시키고 이렇게 살았던 모범적인 군인입니다.

그러면서 또 보안사령관 시초로부터 그 뒤에 박정희 대통령
의 집권욕을 막아야 되겠다, 늘 직언을 했는데 안 됩니다. 그래
서 이번이 마지막입니다라고 서로 언약까지 했다고 그러는데
그 뒤에 일어난 것이 유신체제였습니다. (…)

장준하 선생님이 74년 민청학련 사건으로 감옥에 계실 때 그

뒤에 75년에 건설부장관으로 임명을 받았어요. 이분이 그런데 막 장준하 선생님께서 실망하시면서 아 그 사람이 그러면 안 되는데 막 그러시더라는 거예요. 이해학 목사님은 전도사 시절이니까 무슨 뜻인지도 모르고 왜 그러나 왜 그러나, 고민하시더래요.

그런데 장준하 선생님이 국회의원으로 계실 당시에 고인은 이 박정희 독재정권을 학생들이 민주화 열망으로 국민의 요망으로 절대로 몰아낼수 없다, 뜻 있는 의로운 군인이 아니면 이 군사정권을 몰아낼 수 없다고 확신하셨다는 겁니다.

그래서 국방위원회에서 국정감사 하실 그 어느 분을 찾다가 이 두 분이 우연히 만나셨다는 거예요. 그래서 김재규 부장은 아 이런 국회의원이 계시구나, 존경을 하고 또 장준하 국회의원도 그 당시 군인도 아 이런 의로운 군인이 있구나, 그럼 됐구나, 두 분이 서로 비밀리 언약을 주고받으셨다는 내용을 제가 나중에 이해학 목사님을 통해서 들었습니다. 제가 그걸 듣고 깜짝 놀라면서 너무너무 기쁜 거죠.

저희들은 아 이분이 우연이 아니라 정말 10년 이상 고민을 하면서 아무리 공직을 올라가 계셨다 하더라도 이분이 그냥 출세 위주로 가신 것이 아니라 정말 나라를 위해서 또 박정희 대통령의 마음을 변화시키기 위해서 노력을 했는데 그것이 안 되니까 마지막에 부마사태를 보고 이제는 몇백만 명이 죽을 그런 위기에 처해 있으니까 자기를 살신성인하며 던지면서 박정희 대통령과 차지철 그런 분들을 사살한 것으로서 저는 확신을 합니다.

그래서 위원님이 말씀하신 대로 어느 날 우연이 아니고 이분이 공직에 출세가두로 달렸던 그런 분이 아니라 시대를 고민하며 살았던 정말 참된 군인이 아니셨나, 이렇게 제가 생각을 합니다.

전창렬 씨와 나눈 질의·응답

2004년 8월 9일에는 10·26 사건 당시 육군본부 고등검찰부와 보통검찰부의 부장으로서 김재규 부장을 '내란목적살인죄'로 기소했던 전창렬 씨가 초청되었다.

김삼웅 위원(이하 김삼웅): 참고인께서 김재규 씨를 총 몇 시간 정도 신문하셨습니까?

참고인 전창렬(이하 전창렬): 만난 것은 한 30시간 정도는 만나서…….

김삼웅: 다섯 차례, 30시간 안팎을 신문하면서 직업인으로서 신문을 하셨겠지만 인간적으로 봤을 때 과연 김재규 씨가 앞서 밝힌 대로 이런 것을 시도한 것인지, 아니면 어떤 사적인 다른 목적이 있었다고 생각이 드는지, 그런 느낀 점 있었습니까?

전창렬: 그것이 내심의 의사이기 때문에 단정적으로 얘기는 못 하고, 두 가지 생각이 다 있었지 않느냐 그런 생각이 듭니다.

김삼웅: 신문을 하실 때 《사상계》 사장이었던 장준하 씨 유족을 도왔다든가 정구영 씨에게 편의를 봐드렸다든가 하는 부분에 대해서

는 신문이 없었습니까?

전창렬: 그것은 그때 제 자신이 몰랐기 때문에, 거기서 얘기를 하지 않는 한 제가 알지를 못했기 때문에 묻지 못했습니다.

김삼웅: 그런데 거사를 하고 초기에는 상당히 경황없이 허둥대고 그랬다고 알려져 있지 않습니까? 아까 참고인께서도 그렇게 말씀을 하셨고, 그런 것을 보면 두 가지 측면에서 하나는 우발성일 수가 있고, 또 한 가지로 보면 전혀 정치한 계획이 없이 그야말로 순수하게 민주화를 위해서 자기 한 몸을 던졌을 수도 있고, 두 가지로 유추가 되거든요. 그러면 참고인께서는 그때 한 30시간이 넘는 시간 동안에 그런 조사를 할 때 어느 쪽에 더 무게를 두었습니까?

전창렬: 아까도 얘기했습니다마는 여러 가지 요소가 다 혼재되어 있는데 더 강한 것을 보면 개인적인 압박감, 스트레스 이런 것이 많이 작용했고 그렇게 하려면 이 좋은 시기에 자기가 표면에 나서서 한번 이것을 해보자 이런 집권욕이라는 것이 더 강했지 않느냐 이렇게 판단이 들었습니다.

김삼웅: 집권욕도 강했다고 그러면 그렇게 당장 자기가 총지휘를 해야 될 위치 같은 것도 미리 염두에 두지 않았고, 바로 어느 쪽으로 갈 것이냐 하는 것을 측근들한테 물어볼 정도로 그랬다 그러면 자기가 집권을 하기 위해서 거사를 기도했다, 이것은 우리가 경험치로 봤을 때 조금 맞지 않지 않는가라는 생각도 드는데요?

참고인: 어쩔 수 없는 선택이 아니었나 그런 생각이 듭니다. 왜 그러냐

하면 아까도 얘기했습니다마는 그런 전후의 행적이 오로지 민주화를 위해서 했다는, 어떤 내심의 의사라는 것은 그분의 과거 행적 속에 드러나야지 추단할 수 있는 것 아닙니까? 그런데 그런 것을 하나도 발견할 수가 없었다 이렇게 판단이 들고, 그 다음에 예를 들면 사후라도 그런 목적이라고 한다면 정말 조국과 민족을 위해서 목숨을 던질 각오로 유서를 하나 쓰든가 망명을 하든가 자살을 하든가 이렇게 해서 자기주장을 정정당당하게 그 당시에 했어야 되지 않느냐, 국방부에서 장시간에 걸쳐서 눈치 보고 그런 과정으로 봤을 때 그때는 직권 해석이 막연하고 나이브한 생각이었지만 살기 위해서는 그런 식으로 갈 수밖에 없었지 않느냐 이렇게 판단이 들었습니다.

강신옥 변호사와 나눈 질의·응답

강신옥 변호사는 김재규 담당 변호인으로서 마지막까지 활동하고, 판결 후에는 합수부에 끌려가 곤욕을 치르기도 했다. 2004년 8월 9일, 강신옥 변호사를 참고인으로 초청하여 궁금한 대목을 물었다.

김삼웅 위원(이하 김삼웅): 말씀은 잘 들었고요. 자료에 보면 거사하던 해 7월과 8월에 "긴급조치가 너무 약하다. 칼이 너무 녹슬고 무디어졌다. 시퍼런 칼을 달라" 이것은 문맥상으로 보면 '시퍼런 칼'이라고 그러면, 9호도 참 어마어마했는데 그보다도 더 시퍼런 칼이라고 그러면 이것이 김재규 씨가 어떤 의도를 가지고 이런 말을 했는지 혹시 그 부분에 대해서…….

참고인 강신옥(이하 강신옥): 그것도 물어봤는데, 아까 검찰관께서도 말했지만 김재규는 박 대통령하고 상대하는 사람입니다. 정말 막강한 대통령하고 상대해서 무엇을 어떻게 개선해봐야 되는데 자기 딴에는 독소조항을 없애고 완화하려고 하면서 표현은 이렇게 했다, 저는 그렇게 봅니다.

김삼웅: 완화하기 위한 것으로 표현만 이렇게 했다…….

강신옥: 그렇지요. "녹이 슬었습니다. 시퍼런 칼을 주십시오"라는 표현은, 말하자면 더 심한 긴급조치를 하기 위해서 건의한 것은 아니다, 저는 그렇게 봅니다.

김삼웅: 그러면 동기 부분에서, 예를 들면 강 변호사님만 하더라도 긴급조치 학생들 변론을 하시다가 "내가 저 학생들하고 피고인석에 앉고 싶다" 이런 말씀도 하시고 바로 현장에서 구속까지 되시고, 적어도 사회정의라든가 도덕성, 순수성, 의사, 열사 이런 일을 하려면 자기 기득권을 버려야 되는 것이거든요.

그런데 김재규 씨는 군단장도 하고 장관도 하고 기득권을 누릴 것은 다 누리면서 또 한쪽에서 장준하 씨도 도와주고 정구영 씨도 도와주고 하는 이중성 같은 것을 보이는 것이거든요. 그러면 도대체 이 사람의 정체가 어느 쪽이냐, 어떤 때는 유서도 남기고 휘호도 쓰고 도대체 이 사람이 갖고 있는 정체성이 무엇이냐, 민주 쪽이냐 아니면 자신의 권좌를 유지하기 위한 것이냐, 어느 쪽으로 보십니까?

강신옥: 그것은 저한테 묻는 것 자체가 이상하지요. 자기는 박정희 대

통령을 죽인 것이 박정희의 집권욕 때문에 죽여야 되겠다, 애
국심이 집권욕 밑에 있다, 이래 가지고는 나라가 안 된다, 그래
가지고 죽인 사람이 자기의 집권욕 때문에 죽였다? 그분이 표
현을 아주 잘했어요. "내가 대통령 시체 위에 올라서 가지고 대
통령 될 놈 아니다, 내가 그렇게 도덕적으로 더러운 놈 아니다,
나는 오로지 순수하게 했다, 그리고 나는 애국심이 있어서 했
지 집권욕은 없다." 박정희를 공격한 논리가 바로 그것입니다.

그리고 또 내가 그 친구한테 도움은 많이 받았지만 그렇다
하더라도 소의를 버려야지, 나라를 위해서 유신의 심장을 멈추
어야 된다, 그것이 다 맞는 얘기입니다. 자기는 그래서 했다는
것입니다.

김삼웅: 그러니까요. 그런 얘기를 하려면…….

강신옥: 그러니까 정체성이 무엇이냐, 이 사람이 애국심이 있는 사람이
아니라 박정희 같은 집권욕이 있는 사람 아니냐, 그런 말 아니
겠어요?

김삼웅: 예.

강신옥: 저는 그렇게는 안 본다 이것입니다.

김삼웅: 그러니까 앞서 말씀드린 대로 장준하 씨 가족이나 본인, 정구
영 씨 문제나 또 다른 분도 많이 도와주었다고 한 것 같은데,
그런 일을 한 사람이 적어도 박정희라는 존재가 있어서는 안
되겠다 싶으면 본인이 중앙정보부장에 취임할 때라든가 기회
는 얼마든지 있었을 것이거든요. 그런데 그런 권력이라든가 기
득권이라든가 누릴 것은 다 누리고 조금 몰리는 것 같으니까

그래 버린 것 아니냐…….

강신옥: 그런 측면을 냉정하게 분석해볼 수도 있겠지만, 사람이라는 것
이 처음에는 잘못 가다가도 마지막에 깨달을 수도 있고 마지막
에 내가 나라를 위해서 죽을 자리를 찾겠다, 그 사람 그런 얘기
도 많이 했어요. 말하자면 대한민국에 태어나서 이제 자기가
죽을 자리를 찾은 것입니다. 내가 성공을 못 할지 모르지만 이
것은 내가 하고 죽을 자리를…….

자기 조상 중에 김문기를 자꾸 얘기합니다. 자기는 명예욕은
있다, 그것은 솔직히 인정합니다. 명예욕은 있지만 집권욕, 돈
많이 벌고 출세하고 이런 것은 없다는 것이 그 사람이 계속하
는 얘기예요. 그러니까 죽을 자리를 찾았다, 그렇게 보고 훌륭
하다고 보는 것입니다.[1]

16

김재규의 재심과 복권

김재규 장군은 신군부가 주도한 군사재판과 유신의 잔재인 대법원 판사들에 의해 사형판결을 받고 나흘 만에 형이 집행되었다. 그는 유언대로 '제4심' 곧 역사의 심판, 하늘의 심판을 믿었고, 그래서 웃으면서 죽음(죽임)의 형장에 설 수 있었을 것이다.

제4심은 여전히 진행 중인가, 아직 열리지도 않았는가. 10·26 거사를 뒤엎고 역사의 수레바퀴를 거꾸로 돌린 박정희의 '정치적 사생아' 전두환 일당의 패악도 단죄받지 못하고, 유신의 심장을 멈추게 한 김재규와 그 부하들의 행적은 여전히 '시해범'의 멍에를 벗지 못한 상태이다.

동양사회에서 하늘(天)은 정의의 심판관으로 인식되어왔다. 백성들은 현실의 학정에 시달리면서, 억울한 일을 당하면서, 그래도 언젠가는 하늘이 학정(포악하고 가혹한 정치)을 물리치고 선정이 나타나게 될 것을 믿으며 견뎠다. 하늘은 역사와 동의어로 인식되기도 했다. 그래서 더욱 '역사의 심판'이 공정하리라 믿었다. 종교의 신은 믿지 않아도 '역사의 신'을 믿는다는 지식인도 많았다.

40년 세월이 훌쩍 지났다. 그동안 한국 사회는 많이 변하고 바뀐 듯하지만, 변하지 않는 부분도 적지 않다. 10·26 거사에 대한 인식도 그중의 하나다. 강고한 '박정희 체제'가 남긴 유산 때문일까?

박정희를 기점으로 전두환, 노태우, 이명박, 박근혜로 이어지는 반세기의 권력사는 정치·사법·언론·학계·종교·재벌의 거대한 '기득권 동맹체제'를 형성하고 '박정희 신화'를 생산·유통하면서 오늘에 이른다.

김재규는 '아비를 죽인 패륜아', '과대망상증 환자', '내란수괴', '충성경쟁에서 밀리자 우발적으로 살인을 저지른 살인자', '부정축재자' 등 온갖 음해와 패설로 색칠되었다. 저들은 김대중, 노무현, 문재인으로 이어지는 민주정부는 조롱하고 모욕하고 저주하고 이죽거리면서 무력화시키고, 기득권체계를 유지해왔다.

박정희와 비슷한 시기에 많은 독재자가 공포정치를 하다가 쓰러졌다. 칠레의 피노체트, 루마니아의 차우셰스쿠, 캄보디아의 폴 포트, 우간다의 이디 아민, 이라크의 사담 후세인, 짐바브웨의 로버트 무가베 등이 대표적인 인물들이다. 그러나 이들 중 박정희처럼 딸 같은 여성들과 벌인 술판에서 심복의 총에 맞아 죽은 사람은 없었다. 이 같은 지도자의 부도덕과 탈선도 김재규의 거사 이유 중 하나였을 것이다. 박정희 추종자들은 이 대목에서도 부끄러움을 알아야 한다.

흔히 10·26 거사를 일으킨 김재규 장군은 고대 로마 시대 공화정을 회복시키고자 은인이며 직속 상관인 카이사르를 살해한 브루투스와 비견된다. "나는 카이사르를 사랑한다. 그러나 나는 로마를 더

사랑한다"라는 브루투스의 생각과 김재규의 심경은 다르지 않은 듯
싶다.

그가 과연 권력욕에 눈이 멀어서 거사를 감행했을까? 그랬다면
궁정동 거사 뒤 자기의 수족이 있는 중앙정보부를 놔두고 왜 생소
한 육군본부로 갔을까? 군사재판의 과정에서 쭉 지켜봤던 변호인
들은 김재규가 간경화 말기였다고 증언한다. 그렇다면 집권욕이 아
니라 남은 생명을 던져 유신의 핵을 제거했다는 진정성이 입증되는
대목이다. 헤르만 헤세는 "자기의 운명을 짊어지는 용기를 가지는
자만이 진정한 영웅"이라고 하지 않았나.

지난 세월 우리는 군사독재에 저항한 민주화투쟁을 높이 평가하
면서도 막상 유신의 심장을 멈추게 한 주역에 대해서는 평가를 '건
너뛰었다'. '국가원수 살해'라는 도덕적 감성주의와 함께 유신세력과
족벌언론의 세뇌 탓이 컸다.

신문과 방송을 통해 김재규 피고의 재판을 단편적으로만 전달받
은 일반 국민은 김재규가 느꼈던 고민, 즉 대의大義를 위하여 소의小
義를 버려야 했던 고민을 느끼지 못했다.

그러나 변호인으로서 김재규 피고를 직접 대하고, 또 법정에서
그의 진술을 직접 들었던 인사들은 거의 모두가 한결같이 김재규에
게 감동하고 감명하고 감루했다고 전해진다.

즉, 그들은 마음에 깊이 느끼는 바가 있어 눈물을 흘리기까지 했
다고 한다. 필자는 이러한 소식을 여러 사람을 통해 들었다. 우연한
기회에 뜻하지 않던 사람들에게 들었다. 정치에 전혀 관계가 없는
이들한테도 들었고, 과거에 유신정권에 가깝다고 알려졌던 분들에

게도 들었다. [1]

　이제 역사의 시각으로 10 · 26을 바라볼 시간과 공간이 되었다. 이를 위해 몇 가지를 톺아본다. 첫째, 헌법정신을 회복하기 위한 민주혁명, 둘째, 국민저항권 사상의 발로, 셋째, 다수 국민의 희생을 예방하는 정당방위, 넷째, 민족사의 전통인 불의에 맞서는 의거, 다섯째, 살신성인 정신, 여섯째, 역사정의의 구현, 그리고 마지막으로 사육신으로부터 발원하여 의병, 안중근 의거, 의열투쟁, 독립운동, 민주화운동으로 이어지는 민족사의 면면한 역사정의의 측면 등이다.

　민주주의를 시대적 가치로 공유해온 국민이라면 반민주 유신독재의 심장을 멈추게 한 김재규(와 그의 부하들)에게 큰 빚을 졌다고 인정할 것이다. 그렇다면 이제 그에게 진 빚을 갚을 때가 되었다. 그를 민주화운동 관련자로 인정하고, 유언대로 '장군'으로 불러주고, 민주화운동가들의 묘역인 모란공원으로 유해를 이장하여 부하들과 함께 영원한 안식에 들게 하는 일이다. '10 · 26 거사의 진실 찾기'는 기본적으로 역사학자 · 언론인의 책무이지만, 일반 국민도 모르쇠로 지내서는 안 될 것이다.

　결국 '제4심'의 주도는 하늘의 대행자인 의로운 사람들의 몫이다. 따라서 김재규의 '재심'과 '복권'은 민주시대를 사는 깨어 있는 사람들의 '빚 갚음'이며 '역사정의'를 실천하는 길이다. 지체된 정의는 정의가 아니라고 하지 않던가.

　김재규 장군에 대한 재심의 요건은 충분하다. 2020년 5월 21일, 한 방송사의 프로그램(JTBC, 이규연의 스포트라이트)에서 '10 · 26 재판 당시 김재규 육성'을 공개했다. 육성 테이프 53개, 총 128시간 분량이었다.

공개된 육성 내용의 핵심은 군사재판이 재판관들의 '법과 양심'에 따라 판결한 것이 아니라, 뒤에서 조종하는 대로 판결했다는 점이다. 헌법은 법관이 '법과 양심'에 따라 재판하도록 규정하고 있다. 그러나 재판정 뒷문 법무감 방에 전두환 정권의 실세들이 똬리를 틀고 앉아 재판 내용을 녹음하거나 판사에게 쪽지를 보내는 등 재판에 개입했다고 한다. 이 방에는 전두환 보안사령관도 왔다 갔다 했다고 전한다.

1·2심의 군사재판이 신군부의 작용에 따라 유죄 판결을 하고, 대법원이 '정찰제 판결'을 한 이상, 재심은 불가피하다.

김재규 장군의 교수형 집행이 이루어진 지 40년이 지난 2020년 5월 26일, 유족은 법원에 재심을 청구했다. 재심 청구의 가장 큰 이유는 공판조서가 허위로 작성됐다는 것이다. JTBC가 입수한 김재규의 육성 녹음테이프만 살펴도 공판조서의 허위는 그대로 드러난다.

김재규 장군의 인격을 평가할 때 우리는 앞에서 지적한 몇 가지 사례를 들어봐야 한다. 중앙정보부장이라는 어마어마한 직책을 2년 10개월 동안이나 차지하고 있으면서도 일반 시민의 관심거리가 되지 않았던 점, 중앙정보부장으로서 중요 기관의 기관장이면서도 자기 기관의 업무를 축소하려고 노력했다는 점 등에서 김재규 장군의 인격과 그의 민주적 성향을 엿볼 수 있다.

또 10·26 거사 후에 공모자로서 재판을 받아온 부하들이 한결같이 김재규 장군을 존경했고, 그처럼 막대한 권력을 가지고 있는 기관의 책임자로 거의 3년간이나 있었는데도 권력남용이나 치부한 증거가 전혀 없으며, 그리고 과거에 그의 측근으로 일을 했던 사람들이 한결같이 그를 칭송했다는 등의 사례는 인간 김재규가 덕망이 높은 인격의 소유자라는 결론에 이르게 한다. [2]

중국 고대 하왕조의 폭군 걸왕桀王을 축출하고 은나라를 세운 탕왕, 은왕조 말기 타락한 주왕紂王을 쳐서 주周나라를 창건한 무왕武王, 이 두 역성혁명을 들어 제나라의 선왕이 맹자에게 물었다.

"신하로서 그 군주에 반역한 것이 타당한가?"

맹자는 서슴없이 말했다.

"인仁을 해치고 의義를 해치는 자는 이미 군주가 아닙니다. 일개 야인과 다를 바가 없습니다. 일개 야인인 걸과 주를 죽였다는 말을 들었지만, 군주를 반역했다는 말은 듣지 못했습니다."

선왕이 다시 정승의 직책에 대해 물었다. 맹자의 답은 다음과 같았다.

"주군이 큰 과오를 범하게 되면 간언을 합니다. 이것을 몇 번 거듭해도 듣지 않으면 주군을 폐하고 다른 임금을 세워야 합니다. 이것이 그들이 할 직책입니다." [3]

2천 년도 더 지난 봉건군주시대 맹자의 폭군방벌사상이다.

주註

1. 의협심과 정의감이 강한 소년

1) 김대곤, 『10·26과 김재규金載圭』, 이삭, 1985, 111쪽.

2) 오성현, 『비운의 장군 김재규』, 낙원사, 1995, 13~14쪽.

3) 위의 책, 15~16쪽.

4) 김대곤, 앞의 책, 112~113쪽.

5) 오성현, 앞의 책, 19쪽.

6) 김대곤, 앞의 책, 113쪽.

7) 오성현, 앞의 책, 33쪽.

8) 김대곤, 앞의 책, 114쪽.

2. 군인의 길

1) 장창국, 『육사 졸업생陸士 卒業生』, 중앙일보사, 1984, 90쪽.

2) 위의 책, 91쪽.

3) 오성현, 앞의 책, 45쪽.

4) 김재홍, 『박정희 살해사건 비공개진술 전全 녹음 최초정리(하): 대통령의 밤과 여자』, 동아일보사, 1994.

5) 김대곤, 앞의 책, 117쪽.

6) 김득중, 「여수사건과 제임스 하우스만」(여순사건 53주년 기념 학술 세미나 발표 논문), 2001.

7) 김대곤, 앞의 책, 117쪽.

8) 김재홍, 앞의 책, 1994, 206~207쪽.

3. 평탄하지 않은 군 생활

1) 오성현, 앞의 책, 75쪽.

2) 《한국일보》, 1979년 12월 8일 자.

3) 오성현, 앞의 책, 74~75쪽.

4) 위의 책, 76쪽.

4. 5·16 군사쿠데타 이후 승승장구

1) 장창국, 앞의 책, 96쪽.

2) 김대곤, 앞의 책, 122쪽.

3) 위의 책, 124쪽.

4) 김재홍, 앞의 책, 1994, 171~173쪽.

5. 애증의 갈등 속에서

1) 안동일, 『나는 김재규의 변호인이었다: 170일간의 재판 기록으로 밝힌 10·26의 진실』, 김영사, 2017, 457쪽.

2) 김삼웅, 『박정희 평전: 개발독재자』, 앤길, 2017, 275~276쪽.

3) 오성현, 앞의 책, 95쪽.

4) 김대곤, 앞의 책, 126쪽.

5) 김삼웅, 앞의 책, 2017, 156~157쪽.

6) 김당, 『시크릿파일 국정원: 실패한 공작의 역사, 그리고 혁신』, 메디치, 2016, 132쪽.

7) 위의 책, 138쪽.

8) 위와 같음.

9) 오성현, 앞의 책, 101쪽.

10) 김대곤, 앞의 책, 128쪽.

11) 안동일, 앞의 책, 458쪽.

12) 이해학, 「장준하 선생과 김재규 장군에 대한 나의 확신」, 10·26 재평가와 김재규 장군 명예회복 추진위원회, 『국민 여러분! 민주주의를 만끽하십시오』, 10·26 재평가와 김재규 장군 명예회복 추진위원회, 2001, 23~24쪽.

13) 위의 책, 21쪽.

6. 운명의 길, 중앙정보부장

1) 이종찬, 『숲은 고요하지 않다: 이종찬 회고록』, 한울, 2015, 307~308쪽.

2) 오성현, 앞의 책, 108쪽.

3) 《워싱턴 포스트》, 1976년 10월 27일 자, 사설.

4) 《볼티모어 선》, 1976년 10월 27일 자, 사설.

5) 이상우, 『제3공화국 외교비사』, 조선일보사, 1985, 177~178쪽.

6) 위의 책, 174쪽.

7) 미하원 국제관계위원회 국제기구소위원회, 서울대학교 한·미관계연
구회 역, 『프레이저 보고서』, 실천문학사, 1986, 70~71쪽.

8) 위의 책, 22쪽.

9) 위의 책, 23쪽.

10) 김대곤, 앞의 책, 57쪽.

11) 《주간중앙》, 1993년 10월 25일 자.

12) 최세현, 「나는 미국으로부터 어떤 언질도 받지 않았다」, 민주언론운
동협의회, 《말》, 1993년 11월호, ㈜월간말.

13) 오성현, 앞의 책, 139쪽.

7. 박정희의 권력욕망에 맞서

1) 서중석, 『대한민국 선거 이야기』, 역사비평사, 2008, 189쪽.

2) 천호영, 「10·26과 김재규의 진실」, 민주언론운동협의회, 앞의 책.

3) 강성재, 『쿠데타 권력의 생리』, 동아일보사, 1987, 336~337쪽.

4) 위의 책, 340~341쪽.

5) 위의 책, 341쪽.

6) 김재홍, 『박정희의 유산』, 푸른 숲, 1998, 90쪽.

7) 「김재규 옥중 수양록」, 김성태 엮음, 『의사 김재규』, 매직하우스,
2012, 197~198쪽.

8) 위의 책, 196~197쪽.

9) 안동일, 앞의 책, 108~109쪽.

10) 신용구, 『박정희 정신분석, 신화는 없다』, 뜨인돌, 2000, 243쪽.

11) 안동일, 앞의 책, 109쪽.

12) 위의 책, 373~374쪽.

13) 위와 같음.

14) 이재호, 『조선사 3대 논쟁』, 역사의아침, 2008, 20쪽.

15) 위의 책, 16쪽.

16) 위의 책, 69~70쪽.

8. 야수의 심정으로 유신의 심장을 쏘다

1) 노재현, 『청와대 비서실 2』, 중앙일보사, 1993, 182쪽.

2) 김충식, 『남산의 부장들 1』, 동아일보사, 1992, 231쪽.

3) 위의 책, 232~233쪽.

4) 김재홍, 앞의 책, 1998, 18쪽.

5) 위의 책, 20쪽.

6) 미조고치 유조 외, 김석근 외 옮김, 『중국사상문화사전』, 민족문화문
   고, 2003, 325쪽.

7) 노재현, 앞의 책, 28쪽.

8) 위의 책, 28~29쪽.

9) 이경재, 『유신쿠데타』, 일월서각, 1986, 28~29쪽.

10) 이만섭, 『정치는 가슴으로』, 나남, 2014, 188쪽.

11) 정병진, 『궁정동의 총소리』, 한국일보, 1992, 39~40쪽.

12) 위의 책, 35~36쪽.

13) 위의 책, 37쪽.

14) 위의 책, 43쪽.

15) 「김재규의 10 · 26 사건 최초 진술서」, 《월간 조선》, 1987년 12월호, 조선일보.

16) 《한국일보》, 1979년 10월 28일 자.

17) 《한국일보》, 1979년 10월 29일 자.

9. 군사법정의 피고인으로

1) 《조선일보》, 1979년 12월 11일 자.

2) 김성태, 앞의 책, 48쪽.

3) 안동일, 앞의 책, 40쪽.

4) 위와 같음.

5) 김재홍, 앞의 책, 1998, 29쪽.

6) 안동일, 앞의 책, 35쪽.

7) 김재홍, 앞의 책, 1994, 326쪽.

8) 위와 같음.

9) 안동일, 앞의 책, 299~307쪽, 발췌.

10. 피고인 김재규를 사형에 처한다

1) 안동일, 앞의 책, 309쪽.

2) 오성현, 앞의 책, 196쪽.

3) 안동일, 앞의 책, 318쪽.

4) 문영심, 『바람 없는 천지에 꽃이 피겠나』, 시사인북, 2013, 266~267
   쪽, 재인용.

5) 10·26 재평가와 김재규 장군 명예회복 추진위원회, 앞의 책.

6) 안동일, 앞의 책, 350~353쪽, 발췌.

7) 위의 책, 371~373쪽, 발췌.

11. 신군부 폭압 속에 열린 최종심

1) 장 주네, 오세곤 옮김, 『사형수』, 도서출판 솔, 1995.

2) 10·26 재평가와 김재규 장군 명예회복 추진위원회, 앞의 책.

12. 대법원의 재심 기각과 구명운동

1) 《시사저널》, 1993년 10월 14일.

2) 오성현, 앞의 책, 221쪽.

3) 위의 책, 212쪽.

4) 안동일, 앞의 책, 392쪽.

5) 10·26 재평가와 김재규 장군 명예회복 추진위원회, 앞의 책.

13. 국민 여러분, 민주주의를 만끽하십시오

1) 안동일, 앞의 책, 393쪽.

2) 김재홍, 앞의 책, 1998, 58쪽.

3) 김성태, 앞의 책, 2쪽.

4) 10·26 재평가와 김재규 장군 명예회복 추진위원회, 앞의 책, 재인용.

5) 김삼웅, 『서대문형무소 근현대사』, 나남, 2000, 3쪽.

6) 안동일, 앞의 책, 394쪽.

7) 오성현, 앞의 책, 224~225쪽.

8) 클로드 모르강, 문희영 옮김, 『꽃도 십자가도 없는 무덤』, 형성사, 1983, 231쪽.

14. 10·26 재평가와 명예 회복

1) 오성현, 앞의 책, 225~226쪽.

2) 문영심, 앞의 책, 346쪽.

3) 위의 책, 362~363쪽.

4) 강신옥, 「역사 재평가로 민족정기를 세우자」, 10·26 재평가와 김재규 장군 명예회복 추진위원회, 앞의 책, 발간사.

5) 안동일, 앞의 책, 426쪽.

6) 위의 책, 240쪽.

15. 참고인들의 증언

1) 민주화운동관련자명예회복 및 보상심의위원회, 『10 · 26사건 관련 자료집』과 『김재규 건 관련 진술 청취』에서 발췌.

16. 김재규의 재심과 복권

1) 이정식, 『역사적 사건의 주인공 인간 김재규』, 1980, 63쪽.

2) 위의 책, 65쪽.

3) 임종삼, 『맹자』, 문원각, 1992, 102~107쪽.

지은이_ **김삼웅**

독립운동사 및 친일반민족사 연구가로, 현재 신흥무관학교 기념사업회 공동대표를 맡고 있다. 《대한매일신보》(지금의 《서울신문》) 주필을 거쳐 성균관대학교에서 정치문화론을 가르쳤으며, 4년여 동안 독립기념관장을 지냈다. 민주화운동관련자 명예회복 및 보상심의위원회 위원, 제주 4·3사건 희생자 진상규명 및 명예회복위원회 위원, 백범학술원 운영위원 등을 역임하고 친일반민족행위진상규명위원회 위원, 친일파재산환수위원회 자문위원, 국립대한민국임시정부기념관건립위원회 위원, 3·1운동·임시정부수립100주년기념사업회 위원 등을 맡아 바른 역사 찾기에 부단히 노력하고 있다.

역사·언론 바로잡기와 민주화·통일운동에 큰 관심을 두고, 독립운동가와 민주화운동에 헌신한 인물의 평전 등 이 분야의 많은 저서를 집필했다. 주요 저서로 『한국필화사』, 『백범 김구 평전』, 『을사늑약 1905 그 끝나지 않은 백년』, 『단재 신채호 평전』, 『만해 한용운 평전』, 『안중근 평전』, 『이회영 평전』, 『노무현 평전』, 『김대중 평전』, 『안창호 평전』, 『빨치산 대장 홍범도 평전』, 『김근태 평전』, 『안두희, 그 죄를 어찌할까』, 『10대와 통하는 독립운동가 이야기』, 『몽양 여운형 평전』, 『우사 김규식 평전』, 『위당 정인보 평전』, 『김영삼 평전』, 『보재 이상설 평전』, 『의암 손병희 평전』, 『조소앙 평전』, 『백암 박은식 평전』, 『나는 박열이다』, 『박정희 평전』, 『신영복 평전』, 『현민 유진오 평전』, 『송건호 평전』, 『외솔 최현배 평전』, 『3·1 혁명과 임시정부』, 『장일순 평전』, 『의열단, 항일의 불꽃』, 『수운 최제우 평전』, 『꺼지지 않는 오월의 불꽃: 5·18 광주혈사』, 『운암 김성숙』, 『이승만 평전』 등이 있다.

김재규 장군 평전: 혁명가인가, 반역자인가?

1판 1쇄 발행 2020년 10월 26일
1판 2쇄 발행 2020년 11월 12일

지은이 김삼웅 **펴낸이** 조추자 **펴낸곳** 도서출판 두레
등 록 1978년 8월 17일 제1-101호
주 소 (04207)서울시 마포구 마포대로 14가길 4-11
전 화 02)702-2119(영업), 02)703-8781(편집)
팩스 / 이메일 02)715-9420 / dourei@chol.com
기획·편집 장우봉 **디자인** 최진아 **영업** 신태섭

• 이 도서의 국립중앙도서관 출판예정도서목록(CIP)은 서지정보유통지원시스템 홈페이지(http://seoji.nl.go.kr)와 국가자료공동목록시스템(http://www.nl.go.kr/kolisnet)에서 이용하실 수 있습니다.(CIP제어번호: CIP2020040355)

ISBN 978-89-7443-134-1 03990